PEYGAMBERİMİZİN (SAV) SEVDİĞİ GENÇ

Tekin Kılınç

gül nesli

Yayın Yönetmeni: Metin Coşkun
Editör: Ali Rıza Hasel
Kapak: Hüseyin Özkan
Mizanpaj: Ali Rıza Hasel
ISBN: 978-605-88586-8-8
Sertifika No: 18441
Baskı Tarihi: Nisan 2013
Baskı-Cilt: Çalış Matbaası
Davutpaşa Cad. Örme İş Merkezi, No: 8
Topkapı-Zeytinburnu/İSTANBUL
Tel: (0212) 482 11 04
Sertifika No: 12107

GÜLNESLİ YAYINLARI
Alemdar Mah. Alayköşkü Cad. No: 6-1
Cağaloğlu-İSTANBUL
Tel: (0212) 511 00 09
Fax: (0212) 513 00 09
e-mail: melcedagitim@gmail.com

Copyright:
Bu eserin yayın hakkı, Fikir ve Sanat Eserleri Yasası gereğince Melce Yayın Dağıtım'a aittir. İzinsiz kısmen ya da tamamen çoğaltılamaz ve yayımlanamaz.

PEYGAMBERİMİZİN (SAV) SEVDİĞİ GENÇ

Tekin Kılınç

gül❀nesli

TEKİN KILINÇ

1974 yılında Isparta'nın Sütçüler ilçesi'ne bağlı Kasımlar kasabasında doğdu. İlk ve Ortaokulu kasabasında, Liseyi Isparta Gülistan Lisesinde, Üniversiteyi, Eskişehir Anadolu Üniversitesi Sağlık Kurumları İşletmeciliği bölümünde okudu. Mezun olduktan sonra özel sektörde çalışmaya başlayan yazar, aynı yıllarda yazarlık hayatına adım attı. Türkiye onu, "Kur'an'da Allah'ın Sevdiği Müslüman" adlı ilk kitabı ile tanıdı.

Okumayı ve araştırmayı çok seven yazar, ecdadına layık nesiller yetişmesine katkıda bulunmak için, okuduklarını, öğrendiklerini yazmaya başladı. Osmanlı Tarihi Kültür ve Medeniyeti, Kur'an araştırmaları, Siyer, Hadis ile ilgili araştırma ve yazı çalışmalarına hız verdi. Bu alandaki yazı çalışmalarına Isparta'da devam etmektedir.

Araştırmacı bir kişiliğe sahip olan yazarımız evli; Hafsa, Sevde ve Ümmü Habibe adında üç kız çocuk babasıdır.

Yayınlanmış eserleri:
1- Kur'an'da Allah'ın (cc) Sevdiği Müslüman, Ocak 2009
2- Kur'an-ı Kerim'den Müslümanlara Öğütler, Şubat 2009
3- Kur'an ve Sünnet Işığında Müslüman'ın Bir Günü, Şubat 2011
4- Peygamber Efendimizin Dilinden Cennet Kapısını Açan Ameller, Eylül 2012
5- Osmanlı'dan Torunlarına Yol Rehberi, Ekim 2012
6- Kur'an'da Peygamberimize Öğretilen Dualar (Peygamber Efendimizin (sav) Dilinden Günlük Hayatımızı Kuşatan Dualar), Şubat 2013
7- Mevlana'dan Torunlarına Yol Rehberi, Şubat 2013
8- Peygamberimizin (sav) Sevdiği Genç, Nisan 2013

İletişim:
tekin32kilinc@hotmail.com
anadolukitapkirtasiye32@hotmail.com
GSM: 0538 500 13 31

*"Efendim, müjdecim, kurtarıcım, Peygamberim!
Sana uymayan ölçü hayat olsa teperim!"*

Necip Fazıl Kısakürek

İÇİNDEKİLER

Önsöz 9
Allah'a (cc) iman eden 12
Kur'an'a sımsıkı sarılan 17
Gençliğini Allah'a itaat yolunda geçiren ve tevbe eden 21
Hayâ ve edep sahibi olan 28
Bütün azaları ile zinadan uzak duran 32
Gözlerini haramdan koruyan 37
Mahremi olmayan kişilerle tokalaşmayan 45
Gençliğini Allah'a (cc) adayan ve şehvetini bırakan 50
Güzel ahlak sahibi olan 57
İffet ve hayâ sahibi olan 62
Büyük günahlardan kaçınan 66
Şüpheli şeylerden sakınan 71
Ağzına ve apış arasına sahip olan 76
Kadın fitnesinden uzak duran 78
Gençliğini korku ve ümit arasında geçiren 80
Anne-babasına iyilik yapan 83
Doğruluktan ayrılmayan 89
Başkasının hata ve kusurlarını araştırmayan 93

Gıybetten uzak duran 95
Ahireti düşünen 97
Namazlarını vaktinde ve cemaatle kılan 102
Gecelerini ibadetle geçiren 107
Oruç tutan 113
Sabahları erken kalkan 116
Kur'an okuyan ve onunla amel eden 119
Her zaman ve her durumda Allah'ı zikreden 122
Öfkesini yenen 128
Kılık ve kıyafetine özen gösteren 131
Güzel ve doğru sözlü olan 137
Mü'min kardeşine güleryüz gösteren 139
İyiliği emreden, kötülüğü men eden 142
İhtiyar gibi ölümü düşünen 147
İstifade edilen kaynaklar 152
Dipnotlar 154

ÖNSÖZ

Hamd bizleri en güzel bir biçimde yaratan, yarattığı insanı başıboş bırakmayıp en güzel bir hayatın içinde kalmasını sağlamak için kutlu elçileri ile ona hayat düsturu olacak kitaplar indiren, vahiy nimeti sayesinde kulları ile bağlantısını kesmeyen Allah Teâlâ'ya (cc) mahsustur.

Salat ve selam, Allah'ın (cc) o eşsiz mesajını en anlamlı ve veciz bir şekilde bize ulaştırıp pratiğini kendi yaşayışıyla gösteren, bütün ömrünü de insanlığa hidayet yolunu öğretip gerçekleri anlatmakla geçiren Sevgili Peygamberimiz Hz. Muhammed'e (sav) ve doğru yolun sevgisini, insanoğlunun ruhunda kökleştirmek için sonsuz gayretler gösteren hak ve hakikat yolunun yürekten bağlısı olan bütün mü'minlerin üzerine olsun.

Gençlik çağı insan hayatı boyunca sahip olduğu maddî ve manevî hayatımızın temellerinin atıldığı insanı insan yapan değerlerin kazanıldığı bir çağdır.

Bunun için Peygamber Efendimiz (sav) gençlere büyük önem vermiş, onları hep iyiye, güzele, doğru yola yönlendirmiştir. Kıymetini bilmemizi tavsiye ettiği nimetlerin başında gençlik nimeti olduğunu haber vermiş, sahip olduğumuz nimetler gibi kıyamet gününde gençlik nimetinin de hesabını vereceğimizi, gençliğini nerede, nasıl geçirdiğinden sorguya çekileceğini bildirmiştir.

Ayrıca Efendimiz (sav) gençliğini Rabbimize kullukla geçiren kimseleri kıyamet gününün dehşetinden uzak kalacaklarını müjdelemiş; gençlik döneminde Allah'a (cc) ve Peygamber'e (sav) iman eden, Kur'an'a sımsıkı sarılan, onu okuyan ve onunla amel eden, gençliğini Allah'a itaat yolunda geçiren, hayâ ve edep sahibi, zinadan uzak duran, gözlerini haramlardan koruyan, anne-babasına itaat eden, yaşlılara hürmet eden, gençliğini Allah'a kullukla geçiren, yalandan, gıybetten, zinadan uzak duran, namazlarını vaktinde ve cemaatle kılan, gecelerini ibadetle geçiren, sağlık ve boş vaktinin kıymetini bilen, az da olsa devamlı salih amelde bulunan, güzel ve doğru sözlü, insanları hakka çağıran, nefsine hâkim, günahlardan korunan gençleri sevdiğini bildirmiş.

İbrahim (as) gibi Allah'a yönelmiş bir Müslüman genç, Hz. Yusuf (as) gibi zindanı iffetsizliğe tercih eden, Hz. Musa (as) gibi Firavun'a karşı haksızlıklarla mücadele eden, Zeyd bin Harise, Ammar bin Yasir gibi gençliğinin kıymetini bilen, Hz. Ebubekir gibi dostluk, sadakat ve teslimiyet sahibi, Hz. Ömer (ra) gibi adalet sahibi, Hz. Osman (ra) gibi hayâ ve edep incisi, Hz. Ali (ra) gibi iman, ilim, irfan ve cihad aşkına sahip, Hz. Aişe (ra) gibi iffet ve ismet timsali, ilk Müslüman ilk zevce Hz. Hatice-i Kübra (ra) gibi eşine sadık, cennet kadınlarının hanımefendisi ve insanlık hurisi Gülün Goncası Hz. Fatıma-i Zehra (ra) gibi cefakâr, Abdurrahman b. Avf gibi Allah yolunda karşılıksız veren, Ebu Ubeyde b. Cerrah gibi karakter sahibi, Zeyd b. Sabit gibi 20 yaşında Neccaroğulları'nın sancağını taşıyan bir genç, Usame b. Zeyd gibi 18 yaşında kırk bin kişilik bir orduya komutan olacak bir delikanlı, Abdullah bin Ömer gibi Allah ve Resulü ve O'nun sünnetine gönülden bağlı, Musab bin Umeyr gibi dünyanın bütün güzelliklerini elinin tersiyle itecek bir kahraman, Bilal-i Habeşî gibi imanında dirençli birer genç olmalarını, ibadetli, bilgili, eğitimli, terbiyeli, güzel ahlak ve karakter sahibi, nefsine hakim, günahlardan korunan, Kur'an ve sünnet çizgisinde bir hayat yaşayan gençlerle ahirette beraber olacağını müjdelemiştir. Bu açıdan gençlerimizin kendilerine örnek ve rehber alacakları, onlar hiç karanlıkta bırakmayacak, yanlış yola götürmeyecek tek kılavuz Güllerin Efendisi, iki cihan güneşi, Hz. Muhammed (sallallahü aleyhi ve sellem) Efendimizdir.

Elinizdeki bu kitap başta Kütüb-ü Sitte olmak üzere Riyâzü's-Salihîn, Câmiü's-Sağîr ve meşhur ve güvenilir hadis kitaplarından Efendimizin (sav) gençlere yol gösterici, ümit bahşeden sözleri ve tavsiyeleri derlenmiştir.

Hadisler işlenirken, şerhlerden istifade edilmiş olup konuyla ilgili ayetler ve tefsir kitaplarındaki yorumlar da dikkate alınmıştır. Genellikle alıntı yapılan yerlerin kaynakları dipnotlarda ve kaynakçada belirtilmiştir. Yazılarından ve yorumlarından iktibas ettiğim bu çok kıymetli yazarlarımıza teşekkür ederim. Rabbim derecelerimizi yükseltsin, amellerimizi kabul etsin, sevaplarımızı bereketlendirsin...

Peygamber Efendimizin (sav) sünnetine ve dolayısıyla İslam'a ve özellikle gençlere bir nebze hizmet edebildiysek kendimizi bahtiyar sayarız.

Bize bu eseri hazırlama imkânı lütfeden Allah'a (cc) hamd ediyor, okuyan genç kardeşlerimin hayatında önemli değişiklikler yapacağı inancı içinde, kitabımızın faydalı olmasını dileyerek çalışmanın Yüce Mevla'nın rızasına muvafık olmasını temenni ediyor, Resulü'nün şefaatine vesile olmasını Cenab-ı Hak'tan diliyorum.

Tekin Kılınç
Isparta, Aralık 2012

ALLAH'A (CC) İMAN EDEN

İbn Abbas (ra) anlatıyor:
"Allah'ın Resulü (sav) öğüt almak için kendisine gelen yeni Müslüman olmuş Abdülkaysoğulları temsilcilerine bir olan Allah'a imanı emretti ve sonra da şöyle buyurdu:
— Bir olan Allah'a iman nedir biliyor musunuz? Onlar da:
— Allah ve O'nun Peygamberi daha iyi bilir, dediler.

Bu cevapları üzerine Allah'ın Resulü (sav) şu açıklamayı yaptı:
— Bir olan Allah'a (cc) iman, Allah'tan başka ilah olmadığına ve Muhammed'in (sav) O'nun elçisi olduğuna inanmak, namaz kılmak, oruç tutmak ve zekât vermektir. Bir de İslamî düsturlar çerçevesinde yapılacak savaşta alınacak ganimetlerin beşte birini İslam devletine vermenizdir."[1]

Hz Cerir (ra) rivayet ediyor:
"Allah Resulü'ne (sav) bir adam geldi ve O'na İslam dininin esaslarından sordu.

Allah'ın Resulü (sav) ona yapılması gerekenleri şöylece emir buyurdu:
— Allah'tan başka ibadet olunacak, yasalarına boyun eğilecek hiçbir ilah olmadığına, Muhammed'in (sav) Allah'ın Peygamberi olduğuna şehadet edersin, namaz kılarsın, zekât verirsin, Ramazan orucunu tutarsın, nefsin için sevdiğini diğer in-

Peygamberimizin (sav) Sevdiği Genç

sanlar için seversin ve nefsin için sevmediğini onlar için de sevmezsin."[2]

Abdullah bin Ömer (ra) der ki:

"Allah'ın Resulü (sav) şöyle buyurdular:

— İslam beş şey (temel) üzerine kurulmuştur. Allah'tan başka hiçbir ilah, ibadet olunacak hak mabud olmadığına ve Muhammed (sav), O'nun kulu ve resulü olduğuna şehadet etmek, namaz kılmak, zekâtı vermek, hacca gitmek, Ramazan orucunu tutmak."[3]

İslam, sözlükte boyun eğmek veya savaşın zıddı olan barışa girmek manasındadır. Dinde İslam iki kısma ayrılır. Birincisi: Kalb lisana uysun veya uymasın dille Allah'ın varlığını, birliğini ve Hz. Muhammed'in (sav) Allah'ın Resulü olduğunu itiraf etmektir. İkincisi: Lisan ile tasdik edileni, kalp ile tasdik etmekle birlikte Allah'ın emirlerini yapmak, yasaklarından kaçınmak bütün kaza ve kaderde Allah'a teslim olmaktır.

Kelime-i Şehadet: Yerleri ve gökleri yaratan, beşerin bütün ihtiyaçlarına cevap verecek güç ve kudrette bulunan ve kendinden başka ibadete layık olmayan bir ilahın varlığına ve birliğine tanıklık etmektir.

Yine Hz. Muhammed'in (sav) Allah'ın Resulü, insanları hidayete ulaştıran, onlara hakiki menfaat yollarını gösteren ve hayat şartlarında onlara yardımcı olabilmek için Allah'ın (cc) zamanla gönderdiği peygamberlerin en sonuncusu olduğunu kabul etmektir.

Namaz: Yalvarıp yakarmak, huşu ve itaattır. Kulun Rabbiyle olan irtibatını sağlamlaştırmaktır. Böylece namaz, kulun üzerine Allah katından feyzin inmesine vesile olur. kulun nefsini bu dünyanın geçici mallarına karşı olan aşırı düşkünlükten temizler ve onu ihlasa (samimiyete) ve nifaktan uzaklaşmaya alıştırır.

Zekât: İhtiyaçtan fazla olup fakir ve yoksullar için ayrılan bir miktardır. Zekâtla yoksullardan yoksulluğu kaldırmış olursun.

Ramazan orucu: Oruç, yemek kalıntılarından mideni temizler, günlerce çalışmamakla mideni dinlendirir, nefsinde fakir ve yoksulun halini düşünme duygusu geliştirir. Zira onunla sen açlık ve susuzluk acısını tadarsın. Böylece yoksul kardeşlerini hatırlamış olur ve onlara yardım ve ihsanda bulunursun. Oruç her an için sana, sendeki nimetlerin gerçek sahibi olan Allah'ı (cc) hatırlatır, bu sebeple de dilin O'nun zikriyle bağlanır. Kur'an'dan sana kolay olanı okursun. Böylece orucun hikmet ve sırlarını sezersin.

Hac: Beledü'l-emin olan Mekke'ye gidersin ki, Âlemlerin Efendisi (sav) orada büyüdü ve bu din orada doğdu. Yeryüzünde insanlar için yapılan ilk evi orada görürsün. Orada tavaf etmek, namaz kılmak, say etmek, Arafat'ta durmak, zikretmek, tehlil* ve telbiyede* bulunmak ve tekbir getirmek gibi Allah'a (cc) yaklaştırıcı çeşitli amellerde bulunursun. Kurban keserek fakirlere ve yoksullara tasadduk edersin. Yolculukla da nefsini terbiye eder, İslam'ın ilk doğuşunu hatırlarsın.

İşte bunlar İslam'ın (temeli) esaslarıdır. Bunları titizlikle korur ve Efendimizin (sav) diğer emir ve yasaklarına uyarsın. Salih amellerde bulunursan Allah ve Resulü'nün sevdiği bir genç olursun.

Sahabi Ebu Ümame (ra) "Allah'ın Resulü (sav) bir yatsı namazında ashab-ı kirama şöyle emir buyurdu" diyerek çevresindekilere bir hadis rivayet etmeye başladı. Bu sırada dinleyenlerden bazıları ona şöyle hatırlatma yaptılar:

— Aman anlatırken Allah'ın Resulü'nün (sav) önce ne söylediğini, peşisıra ne buyurduğunu iyice hatırlamaya çalışarak anlat ki dinleyenler O'nun (sav) sözlerini bütünüyle öğrenmiş olsunlar.

Ebu Ümame anlatımını şöylece sürdürdü:

"Evet, Allah'ın Resulü (sav) emir buyurdu:

— Yarın namaz için toplanınız, size söyleyeceklerim vardır...

---

* Tehlil: "Lâ ilahe illallah" demek.
* Telbiye: "Lebbeyk Allahümme lebbeyk" demek.

Sahabiler toplandı, cemaat olarak namazlarını kıldıktan sonra Allah'ın Resulü (sav) buyurdu:
— Size emrettiğim gibi tam olarak toplandınız mı?
— Evet, toplandık ya Resulallah!
— Rabbinize ibadet edin, (şahıs, put ve resim gibi) hiçbir varlığa O'na (cc) ortak koşmayın.

Söylediğim bu ana görevinizi anladınız mı, bu temel görevinizi anladınız mı, evet bu baş görevinizi anladınız mı?
— Evet, anladık ya Resulullah!
— Namaz kılınız, zekât veriniz, namaz kılınız, zekât veriniz; (evet evet) namaz kılınız, zekât veriniz.
— Bu ödevlerinizi de kavradınız mı?
— Evet, kavradık ya Resulallah!
— Allah'ın ve Peygamberinin yasalarını dinleyiniz ve itaat ediniz. Dinleyiniz ve itaat ediniz. Dinleyiniz ve itaat ediniz. Bu genel vazifenizi öğrendiniz mi? Bu vazifenizi de öğrendiniz mi? Evet size söylüyorum bu vazifenizi de öğrendiniz mi?
— Evet, öğrendik ya Resulallah!"

Bu hadisi rivayet eden sahabi Ebu Ümame şöyle diyor:
"Biz bu öğütleriyle Hz. Peygamber (sav) İslam dinini bize özetlediği kanaatine vardık."

"Allah'ın Resulü (sav) günlerden bir gün huzurunda bulunan sahabilerinden bir topluluğa sordular:
— Size göre hangi mü'minlerin imanı daha güzeldir?
— Meleklerin imanı ya Resulallah!
— Meleklerin imanının güzel olması tabiidir. Kendilerine vahiy indiriliyor. İlahî emir ve yasaklara doğrudan muhatap oluyor ve vazifelendiriliyorlarken nasıl olur da güzelce iman etmemiş olurlar?
— O halde bizim imanımız daha güzel ya Resulallah.
— Ben aranızda bulunuyor ve sizler de mucizelere şahit oluyorken nasıl olur da güzelce iman etmezsiniz? Bu mümkün mü?
— Biz bilemedik. Hangi insanların imanı güzeldir, siz açıkla-

yınız ya Resulallah.

— Sizlerden sonra gelecek olan ve buldukları Kur'an sahifelerinin içindeki ilahî ayetlere, emir ve yasaklara iman edecek olan insanların imanı daha güzel imandır."4

Bizler gibi Allah'ın Resulü'nün (sav) ve O'nun mucizelerini bizzat görememiş, Kur'an'ın indirilişine de şahit olamamış mü'minlere bu hadiste pek büyük müjdeler var. Rabbim bizlere Efendimizin (sav) tarif ettiği imanı en güzel mü'minlerden olmayı nasip eylesin, âmin.

Mü'min genci farklı kılan en önemli özellik Allah'a (cc) olan derin imanıdır.

O genç ki bu kâinattaki hadiselerin, olguların, insanların başına gelen neticelerin Allah Teâla tarafından bir kaza ve kader çerçevesinde meydana geldiğine, başına gelen musibetlerinden kurtuluş olmadığına, kaderin de yazılmamış hiçbir bela ve musibetin de kendisine isabet etmeyeceğine inanır ve bilir ki, insana düşen hayır yolunda gayret göstermek, Allah Teâla'ya hakkıyla tevekkül edip işini O'na ısmarlayarak ve her zaman O'nun yardımına, desteğine, takvaya ve rızasına muhtaç olduğunu bilerek dini ve dünyası hakkında salih amel vasıtalarına yapışmaktır.

KUR'AN'A SIMSIKI SARILAN

İbn Şureyh el-Huzaî (ra) rivayet ediyor:
"Allah'ın Resulü (sav) bize doğru geldi ve şöyle buyurdu:
— Allah'tan başka bir olan ve ortağı bulunmayan hiçbir ilah olmadığına, benim Allah'ın Peygamberi olduğuma ve Kur'an'ın da Allah tarafından bana indirildiğine inanıyor musunuz?
— Evet, elbette inanıyoruz ya Resulallah!
— Size müjdeler olsun. Zira bu Kur'an'ın bir tarafı Allah'ın (cc) katında diğer tarafı da sizlerin elindedir. Ona sımsıkı sarılınız. Ona inancınız ve bağlılığınız devam ettikçe bundan böyle sizler (ferdî, ailevî ve sosyal) sapıklıklara uğramaz, katiyen felaketlere maruz kalmazsınız."[5]

Ebu Cumatü'l-Ensarî (ra) anlatıyor.
"Onuncusu Muaz olan on kişilik bir topluluk Hz. Peygamberle (sav) beraber bulunuyorduk. O'nunla beraber olmanın ne büyük bir yücelik olduğunun da şuurundaydık. O'na sorduk:
— Ya Resulallah! Biz sana inandık ve itaat ettik. Bizden daha çok sevap alacak bir topluluk var mıdır?
— Allah'ın elçisi olan ben aranızda bulunuyor ve size semadan vahiy getiriyorken sizi bana inanmak ve itaat etmekten ne alıkoyabilir ki? Hayır hayır, sizden daha çok sevap alacak topluluk vardır.
Onlar sizden sonra gelecek nesillerdir. Kendilerine iki kapak

arasında bir kitap getirilecek ve bu Allah'ın kitabı Kur'an'dır denilecek. Onlar da Kur'an olan bu kitaba inanacak ve içindeki ilahî emir ve yasaklara göre amel edecekler. İşte onlar beni görmeden bana ve benim tebliğ ettiğim Kur'an'a inandıkları için sizden daha çok sevap alacak olanlardır."[6]

Hz. Ali (ra) "Allah'ın Resulünden bizzat dinledim" diyerek anlatıyor:

"Allah'ın Resulü (sav) gelecekle ilgili bir konuşmalarında şöyle buyurdu:

— Aman çok şuurlu olunuz. Zira yakın bir dönemde iman ve amel hayatını sarsacak fitneler olacaktır.

— Ya Resulallah! Bu fitnelerden korunabilmenin çaresi nedir?

Allah'ın Resulü (sav) şu açıklamalarda bulundu:

— Çare Allah'ın kitabıdır. Ona uymaktır. Zira Allah'ın kitabı Kur'an'da sizden önce yaşamış bulunan toplulukların saadet ve felaket haberleri vardır.

Sizden sonra gelecek nesillerin de yararlanacağı hakikat duyuruları vardır. Onda çağdaşlarınızın düstur edineceği prensipler de mevcuttur.

O hakla batılı ayıran bir nizam kitabıdır. Denenip geçiştirilecek (düzme bir düzen kitabı) değildir.

Onu bırakanların, ona yönelmek ve yönetilmek istemeyen zorbaların düzenlerini Allah başlarına geçirir.

Ondan başka düzen yasalarıyla doğru yaşantıya ermek isteyenleri Allah çıkmazlara saptırır.

O, Allah'ın (yapışılacak ve yapışanları yükseltecek) sağlam bir ipidir.

O tatmin edecek çok yönlü bir öğüttür. Dosdoğru bir hayat yoludur.

Ona bağlı görüşler eğriliğe, duygular da çirkinliğe sapmaz. Diller de ancak onunla batıllara kayıp sürçmez.

Âlimler onun gerçeklerine doyamaz. Çok okumak ve incelemekle (cazibesi) pörsümez, incelikleri tükenmez.

Onu ölçü edinerek karar veren doğruya erer. Ona göre amel eden sevap kazanır. Onunla hüküm veren adaletli olur, adalet dağıtır.

Ona çağıran dosdoğru yola yönelmiş (ve yöneltmiş) olur. o (mükellef yaratık olan) cinleri dinledikleri zaman kopamadıkları, şöyle söylemekten de kendilerini alamadıkları bir kitaptır:

'... Biz kendine çekip bağlayan, doğruya ulaştıran bir Kur'an dinledik ve ona iman ettik.'"7

Enes bin Malik (ra) anlatıyor:

"Allah'ın Resulü (sav) şöyle buyurdu:

— İnsanlardan Allah'a ehil olmuş (O'nun sevgisine ermiş kullar) vardır.

Sahabiler (bu yüce insanların kimler olduğunu öğrenmek istediler de) sordular:

— Ya Resulallah! Bunlar kimlerdir?

— Onlar Kur'an ehli olan (onu okuyan ved emirleri ve yasaklarına göre yaşayan)lardır.

(Kur'an okuyan ve onunla amel eden kullar da) Allah'ın rızasına ermiş olan kullarıdır. Hem de O'nun has kullarıdır.

Kur'an'a iman eden birinin ona karşı ilk vazifesi onu orijinal harfleriyle okumasını öğrenmek ve ihlasla okumaktır. Bu Rabbimizin emri olduğu için farzdır. Kur'an'ı şartlarına riayet ederek okuyabilecek kadar öğrenmeyi farz kılan bir dini emir de namazdır. Zira namaz kılmak için başta Fatiha olmak üzere Kur'an'dan ayetler veya sureler okunması zaruridir.

İman edenlerin Kur'an'a karşı ikinci görevleri onu anlamaya çalışmaktır.

Üçüncü görevleri hayatı onun sunduğu emir ve yasaklar çerçevesi içinde yaşamaktır. Kur'an'ı okumanın ve anlamaya çalışmanın asıl amacı da budur."8

İbn Mes'ud'dan (ra) rivayetle, Peygamber Efendimiz (sav) şöyle buyurdular:

"Şüphesiz şu Kuran Allah'ın ziyafet sofrasıdır. Gücünüz yettiğince onun sofrasından alın."[9]

Yeryüzünü maddî organlarımız için bir nimet sofrası haline getiren Rabbimiz, Kur'an'ı da manevî âlemimiz için bir nimet sofrası yapmıştır. Evet, Kur'an Allah'ın kullarına verdiği eşsiz bir ziyafet sofrasıdır. O sofradan ruh ve kalbimizi doyurmak, her biri birer manevî ilaç olan gıdaları almak için can atmak, her imanlı insanın vazgeçemeyeceği bir husustur. "Gücünüzün yettiğince o sofradan alın" buyuran Peygamberimiz (sav), bu güzel ziyafetten gerektiği gibi faydalanmamızı tavsiye buyuruyorlar.

O halde Kur'an'ı dilimizden hiç düşürmememiz gerekiyor. Fırsat buldukça, gelirken giderken ezbere bildiğimiz ayetleri, sureleri okumak görevimiz olmalıdır. Mümkünse her gün sabah veya akşam onu okumaya vakit ayırabilmeliyiz, Aynı zamanda onun tefsirlerine müracaat ederek, Rabbimizin bu ziyafet sofrasıyla bize neler ikram ettiğinin farkına varabilmeli, manasını içimize nüfuz ettirip anlayarak okumaya çalışmalıyız. Bilinmelidir ki Kur'an anlaşılıp tatbik edilsin diye gönderilmiştir. Anlayarak okumaya çalıştığımızda o ziyafet sofrasından alacağımız lezzet o ölçüde büyük olacaktır.

Bir dünya büyüğünün ziyafetine katılabilmek için can atan insanların, Âlemlerin Rabbi olan Allah'ın manevî Kur'an ziyafetine nasıl büyük bir gayret ve doymaz bir arzu ve istekle yönelmesi gerektiğini anlamak zor olmasa gerek...

GENÇLİĞİNİ ALLAH'A İTAAT YOLUNDA GEÇİREN VE TEVBE EDEN

Enes bin Malik'ten (ra) rivayetle Peygamber Efendimiz (sav) bir hadis-i şeriflerinde şöyle buyurmuştur:
"Allah tevbekâr genci sever."[10]
İbn Ömer rivayet ediyor:
"Allah, gençliğini Allah'a itaat yolunda geçiren genci sever."[11]
Akıldan çok hisleriyle hareket eden gençlerin yaşlılara göre günah işlemeleri daha kolaydır. Gücü, kuvveti, enerjisi, güzelliği, imkânları buna son derece elverişlidir. Dünya bütün çekiciliği ve güzelliğiyle tebessüm eder. Nefsi okşayan kötülükler ona daima davetiye çıkarıp durur. Bunlara karşı nefsi dizginlemek, günahtan kaçınmak büyük bir muvaffakiyet ve fazilettir. Ama genç her zaman bu başarıya ulaşamaz. Şeytana kanıp nefsine uyup günahlara dalabilir. Böyle anlarda akla, mantığa ve dine en uygun davranış, günahlarda ısrar etmemek, hemen tövbe etmek, bir daha işlememeye azmetmek, nefisle mücadele etmektir. Günahlarda ısrar ve devam gazab-ı ilahîyi celp edebilirken, ondan pişmanlık duyup tövbe etmek affa vesile olur. Böyle kimseler de Allah'ın sevdiği kimselerdir.

Allah, kulunun tövbesini böyle sever. Bunun için Müslüman'ın her günah ya da isyandan sonra tevbe etmesi gerekir. Tevbe sadece günah ve isyânlarda bulunmakla sınırlamaması, diğer zamanlarda da sık sık tevbede bulunması gerekir. "Şunu iyi bilin ki, Allah tevbe edenleri de sever, temizlenenleri de sever."[12]

Resulullah (sav) şöyle buyurur:

"Ben her gün ve her gece yetmiş kereden fazla Allah'a tevbe ve istiğfarda bulunurum."[13]

Allah'ın geçmiş ve gelecek günahlarını bağışlamış olduğu Resulullah'ın (sav) istiğfar ve tevbe konusundaki tutumu bu olduğuna göre, bizim Allah'a ne kadar istiğfarda bulunmamız gerekir acaba? Bunu bilmemize rağmen mü'minler olarak bunu ne kadar ihmal ettiğimizi görüyoruz.

Tevbenin de şartları vardır. Allah'a karşı işlenen bir günah konusunda samimi bir şekilde tevbe etmenin üç şartı vardır: Günahı terk etmek, tekrar günah işlememe konusunda ısrar ve günah işlemiş olmaktan pişmanlık duymak. Ancak işlenen günah insanla ilgili ise (gıybet vb) dördüncü bir şart daha vardır ki o da kişiden helallik dilemek, onu razı etmektir. Tevbe bu şartların herhangi birisi olmadığında gerçekleşmiş olmaz.[14]

Efendimizin (sav) belirttiği Allah'ın sevdiği gençlerin bir özelliği de tevbekâr olmalarıdır.

Peygamberler dışında hiçbir insan günah işlemekten uzak değildir. Günaha düşmesi, hata işlemesi, esasında insanın aciz oluşunun bir gereğidir. Burada önemli olan, insanın günahlarını bilmesi, bunlardan üzüntü ve pişmanlık duyması ve bir daha yapmamaya karar vermesidir. Eğer bir başkasının hakkına girmişse, uygun bir şekilde telafi etmesidir. Henüz atıp duran bir kalbe sahipken, elinde hayat imkânı varken, bir an önce tevbe ve istiğfar ederek Allah'a sığınmasıdır. Çünkü yarının insana ne getireceği bilinmez, insan ne kadar yaşayacağına dair bir senet de almamıştır. Belki bir dakika sonra, tevbe edemeden bu dünyadan göçüp gitmek mümkün değil midir?

Allah'a pişmanlıkla el açan, gözyaşlarıyla tevbe eden ve işlediği günahları bir daha işlememeye karar veren bir kişi, hiç günah işlememiş gibidir. Bu Allah'ın sonsuz rahmetinin bir tecellisidir. Bu ilahî lütuf için Allah'a ne kadar şükretsek azdır.

Evet, Allah ve Resulü'nün sevdiği en hayırlı genç odur ki, ihtiyar gibi ölümü düşünüp ahretine çalışır, gençlik heveslerine esir olmayıp gaflet denizinde boğulmaz.

Gençliğini Rabbine ibadet ve ubudiyet* içinde geçiren kimse kim olursa olsun çok değerlidir. Fakat bu kişi, hayatının baharını yaşayan, heves ve arzularının kendisini dinden uzaklaştıran şeylere meftun* etmeye çalıştığı bir genç ise hadisin ifadesiyle o, Allah'ın (cc) çok hoşuna gider ve Rabbimiz bu gibi gençleri çok sever.

Dinini yaşama noktasında dünyaya karşı bir meyli bulunmayan, dininin gereklerini yerine getirmede herhangi bir inhiraf* yaşamayan, istikametin İslam'ın altıncı şartı olduğunu bilen, şeytanın ve nefsinin tuzaklarına karşı dimdik ayakta durup yoluna devam eden gençler Cenab-ı Hakk'ın kendilerinden hoşnut olduğu bir manada da razı olduğu yiğitlerdir.

Böyle bir genç hiç mi sürçmez, hiç mi günaha girmez? Tabii ki, en hayırlı genç de kimi zaman kayıp düşebilir. Zaman zaman tökezlemek, ara sıra sürçmek, yer yer devrilmek ve bazen şeytana aldanıp bir günah çukuruna düşmek nebiler haricinde her insan için söz konusudur. Ne var ki, iyiliğe kilitlenmiş bir yiğit, daha günaha kapaklandığı ilk anda seccadesine koşar, cürmüne hiç hayat hakkı tanımaz, onu hemen tevbe ile boğar ve en kısa sürede namaz, oruç, hac, sadaka, iman hizmetine müteallik* meşguliyetler gibi salih ameller vesilesiyle günah kirlerinden arınır.[15]

Evet, en hayırlı gencin en önemli özelliklerinden biri, güzeller güzeli Yusuf Aleyhisselam gibi dünyanın en parlak ve en se-

---

* Ubudiyet: Kulluk, bağlılık.
* Meftun: Büyülenmiş gibi kendine sahip olamayacak derecede, tutkun, vurgun.
* İnhiraf: Başka bir tarafa meyletme, sapmak, doğru yoldan çıkmak.
* Müteallik: Bağlı, ilgili, dair.

vinç veren zamanında bile gaflete düşmemesi, dünyevî güzelliklere meftun olmaması, şehevî arzulara yenilmemesi ve hep ahiretini kurtarma düşüncesiyle hareket etmesidir.

Rabbimizin hoşnutluğundan ve sevgisinden daha önemli bir şey var mıdır? Allah'ın hoşnutluğu, onu sevgili Habibi'nin sevgisinden, din için nice fedakârlıklara katlanan o güzide sahabe efendilerimizin yolundan gitmekle olacaktır.

Evet, bugünün gençleri Hz. Ebubekir'in sadakat ve teslimiyetine, Hz. Ömer'in adalet ve tavizsizliğine, Hz. Osman'ın hayâ ve cömertliğine, Hz. Ali'nin de iman, ilim, irfan ve cihad aşkına sahip bulunmalıdır. Abdurrahman b. Avf gibi Allah yolunda vermekten bıkmayan bir hasbî*, Ebu Ubeyde b. Cerrah gibi karakter sahibi ve emin bir yiğit, Bilal-i Habeşî gibi imanında dirençli bir delikanlı, Abdullah bin Ömer gibi Resul'e ve O'nun sünnetine gönülden bağlı bir âşık, Mus'ab bin Umeyr gibi bütün dünyayı ve onun cazibedar güzelliklerini elinin tersiyle iterek Rabbinin hoşnutluğunu seçen bir kahraman, Abdullah bin Abbas gibi ilimde derinleşmiş bir âlim, Ebu Talha gibi hayırsever olmak için çalışmalı, okumalı, yaşamalı ve yaşatmalıdır.

Bugün bu sahabe gençliğine ne de çok muhtacız. Günümüz Muazları, Huzeyfeleri, Üsameleri, Hasan ve Hüseyinlere, o mübarek asrı günümüze taşımaya niyetli, dinamik, çalışkan, cömert, fedakâr, yürekli ve tavizsiz gençlere ne kadar muhtacız.[16]

Ömrünü ibadetin ruhanî dünyasında geçiren genç, oradan aldığı güç ve kuvvetle, önüne çıkan tehlikeleri aşıp yoluna devam edebilir. İbadetten yoksun olan, namazla tanışmayıp yol azığını almayan, orucun bereketli ikliminden nasiplenmeyen genç de, en sığ sularda bile boğulup kalmaya mahkûmdur. Hz. Ömer (ra) devrinde, devamlı mescide gelip giden, ibadetinde derin mi derin, başını yere koyunca güller açan ve seccadesini gözyaşlarıyla ıslatmadan mescitten ayrılmayan bir genç vardır.

---

* Hasbî: Gönüllü ve karşılıksız yapan.

Bu gencin, birdenbire mescitten ayağının kesildiğini fark eden Hz. Ömer (ra), gencin nerede olduğunu sorunca, onun vefat ettiğini söylerler. Evine gelip giderken bu gence nasılsa kötü duygulu bir kadın musallat olmuştur; kadın genci ağına çekmek ister. Genç, bu kadının tuzağına tam düşmek üzereyken, birden diline, "Sineleri her zaman Allah'a karşı saygıyla çarpan müttakiler, şeytandan bir tayf, bir vesvese dokunduğu zaman hemen Allah'ı anarlar ve derken gözleri açılıverir"[17] ayetinin takıldığını fark eder. Bu duygunun vermiş olduğu heyecan, utanma ve ar duygusu içinde kalbi durur ve oraya yıkılıverir.

Hz. Ömer (ra), gencin ölüm sebebini anlayınca hemen defnedildiği yere gider ve kabrinin başında ona şu ayetle seslenir: "Rabbinin huzurunda durmaktan korkan kimselere iki cennet vardır.[18] Şimdi sen istediğine girebilirsin." Hz. Ömer (ra) sözlerini bitirdikten sonra herkesin duyacağı şekilde mezardan şöyle bir ses yükselir: "Ya emire'l-mü'minîn! Allah bana onun iki katını verdi."[19]

Gençliğini ibadetle geçiren, böylece nefsin ve şeytanın bütün kötü arzularına karşı kendisini frenleyebilen gençlerden birisi de Mecmau'l-Enhür sahibi Muhammed b. Süleyman'dır. 'Damat Efendi' lakabıyla meşhur olmuştur. Çünkü bu zat iffet âbidesi, talebelik döneminde bir gece yarısı, mum ışığı altında ders çalışmaktadır. İlmî mütalaalara daldığı bir esnada kapısı çalınır. O vakitte birinin gelmesinin hasıl ettiği hayret ve misafirin kimliği hakkındaki merakla hemen kapıyı açar. Karşısında genç ve güzel bir kızcağız durmaktadır. Misafir, yolunu kaybettiğini ve etrafta başka bir ışık göremediği için onun kapısını çalmaya mecbur kaldığını söyler.

Genç talebe, misafirini geri çeviremez, onu gece karanlığına ve sokağın soğuğuna terk edemez, çaresizce kızı içeri alır. Ona oturup dinlenebileceği bir köşe gösterdikten sonra da sabaha kadar dersine çalışmaya devam eder. Utangaç ve gizli-saklı nazarlarla onu seyreden kızcağız, bu iffetli talebenin bir hâline hayret eder. Genç, arada bir parmağını önünde yanan mumun alevine tutmakta ve bir müddet öylece bekledikten sonra geri çekmektedir. Bir defa ile de yetinmemekte ve bunu ara ara sürekli tekrarlamaktadır. Bu hâl üzere sabah olur.

Gün ışıdıktan sonra genç kız oradan ayrılıp evine döner. Halkın yardımıyla yolunu bularak ulaştığı ev, Osmanlı vezirlerinden birinin sarayıdır; bu genç kız da, o vezirin kerimesidir. Saray halkı, ona geceyi nerede ve nasıl geçirdiğini merakla sorarlar; zira bütün gece onu aramış ama bir türlü bulamamışlardır. Genç kız başından geçenleri, gördüklerini ve hususiyle de kendisini misafir eden talebenin tuhaf hâlini bir bir anlatır. Vezir, kızına yardım eden o genci sarayına davet eder ve niçin sabaha kadar elini yanan mumun üzerinde tuttuğunu sorar. Yusuf yüzlü genç, "Yolunu kaybettiği için kapımı çalan bir misafiri dışarıda bırakamazdım; bu sebeple onu kulübeme aldım. Nefsimin desiselerine karşı koyabilmek için de, elimi ara sıra mumun bana cehennemi hatırlatan alevi üzerine koydum. Şeytan beni kandırmaya yeltendiğinde, parmağımı ateşe tutarak, nefsime cehennem azabını hatırlattım ve böylece yanlış bir şey yapmaktan kurtuldum."[20]

İbadetle gençlik çağını geçiren kimseler de bazen günah işleyebilir. Ancak böyle bir genç, kendisini zehirleyen bu günaha karşı hemen tepkisini koyar, seccadesine koşar, günaha yaşama hakkı bırakmaz, tevbeyle, namazla, oruçla, hac ve sadakayla bu kirlerden kendisini temizlemenin yollarını arar. Gençliğin geçtiği yıllar, Hak katında son derece önemlidir ki, Allah Resulü (sav): "Hesap gününde insan, gençliğini nerede tükettiği konusunda hesap vermeden oradan ayrılamaz"[21] buyurmuştur.

Gençliğin önemindendir ki, bütün ilim ve hâl erbabı insanlar, yaşadıkları dönemlerde hitap ettikleri kimselerin merkezine gençleri koymuş, onlara bu konuyla ilgili tavsiyelerde bulunmuşlardır. Mesela ikinci bin yılın müceddidi olarak kabul edilen İmam-ı Rabbani Hazretleri Mektubat isimli eserinin 73. Mektubunda gençlere şu öğütleri verir:

Ey oğul!

İbadete yönelme vakti gençliktir. Akıllı olan bu vakti kaçırmaz, fırsatı ganimet bilir. Zira iş önemlidir. İnsan yaşlılık zamanına kalmayabilir. Kaldığını farz edelim, derlenip toparlanmak nasip olmaz. Böyle bir derlenip toparlanmanın mümkün olduğunu farz edelim, bir amel işlemeye güç yetiremez. Zira o zaman, zaafın ve aczin bastırdığı zamandır. Hâlbuki şu anda derlenip toparlanma durumu vardır, elde edilmesi kolaydır.

Hele anne-babanın hayatta olmaları Yüce Hakkın nimetlerinden biridir. Senin geçimini, onlar üzerine almıştır. İşte bu mevsim fırsat mevsimidir. Güç ve kuvvetinin yettiği mevsimdir. Bugünün işini yarına bırakmak için şu andaki durum nasıl bir özür olabilir? Ertelemeye ne gerek var?

Resulullah (sav) bu manada şöyle buyurmuştur: "İşi erteleyen helak olur."

Evet, bugün ahirete ait işlerle bir meşguliyet varsa, bu düşük dünyanın işini yarına bırakmak cidden güzel olur, tam bunun aksi ise pek çirkin bir şey olur. Şu zaman gençlik zamanıdır. Nefsin, şeytanın ve din düşmanlarının istilası zamanıdır. Bu zamanda yapılan az amele biçilen itibar, bu vakitlerden başka zamanlarda yapılan amellere biçilmez.[22]

Bediüzzaman Hazretleri, gençleri bu konuda uyarmış, gerek eserlerinin değişik yerlerinde, gerekse konuyla ilgili müstakil olarak telif ettiği Gençlik Rehberi'nde bir hayli tahşidatta* bulunmuş, gençleri ikna için aklî, mantıkî deliller kullanmış ve gençliğin ibadetle geçirilmesi gereken bir çağ olduğunu belirtmiştir.

---

* Tahşidat: Toplamalar, birikmeler.

HAYÂ VE EDEP SAHİBİ OLAN

Ebu Hüreyre'den (ra) rivayetle Efendimiz (sav) şöyle buyurdular:
"Hayâ imandandır, iman ise cennettendir. Edepsizlik ve hayasızlık ise cefadandır, cefa ise cehennem ateşindendir."²³
Ebû Said el-Hudrî (ra) şöyle dedi:
"Resulullah (sav) örtünme çağına girmiş genç bir kızdan daha utangaçtı (hayâlı idi). Hoşlanmadığı bir şey gördüğünde bunu yüzüne bakınca anlardık."²⁴
Yine Hz. Peygamber Efendimiz (sav) şöyle buyurdular:
"İnsanların, geçmiş peygamberlerden duydukları sözlerden birisi de şudur: Utanmazsan dilediğini yap."²⁵
Hayâ; kınanma endişesiyle insanda meydana gelen bir sıkılma halidir. Hayâ duygusuyla insan iyiliğe yönelir. Kötülükten çekinir. Hayâ en önemli insanî meziyettir. Bu duyguyu kaybedenler en önemli insanî vasıflarını kaybetmiş sayılırlar. Bütün peygamberlerin ısrarla üzerinde durdukları değişmez güzelliklerin başında hayâ gelir. Hayâ ile iman birbirinden ayrılmazlar. Efendimiz "Hayâ imandandır" buyurmuşlardır.
İnsanın kötülüklere karşı koruyan en güçlü zırh, günah işlemekten alıkoyan en sağlam kalkan hayâdır. Allah'tan korkmayan, insanlardan da utanmayan hayâsızlar, toplumun, hatta dünyanın baş belasıdırlar. Zira bunlar sıkılma duygusunu yitir-

dikleri için insanların gözü önünde pervasızca günah işler, günahlar aşikâr işlenmeye başlanınca süratle yayılır. Neticede önlenemez hale gelir. Böylece, ahlakî değerleri çöken toplum sonunda mahvolur. Tarih, hayâsızlık yüzünden çöken nice toplumlara sahne olmuştur. Lut kavmi bunlardan biridir.

İnsanlar melek olmadığına göre günah işlemekten büsbütün uzak kalmazlar. Fakat utanarak ve istemeyerek yapılan günahlardan kurtulmak mümkündür. Bu türlü günahlar ekin tarlasında tek tük biten zararlı otlar gibidir, bunları yolup temizlemek kolaydır. Fakat bilerek ve isteyerek yapılan günahlar ise tarlaya ekin yerine diken ekmek gibidir. Utanmaz insanlar, bir bakıma diken ve diğer zararlı bitkilere bahçıvanlık yapan kimselerdir. Bunların hâkim olduğu toplumda insanî değerlerin yeşermesi mümkün değildir.

Normalde insan, ayıbının meydana çıkmasından utanır. Bu utanma duygusu onu ayıp işlemekten alıkoyar. Suçlulara uygulanan cezalardan biri de "teşhir" cezasıdır. Ar sahibi bir kimse insanlara karşı mahcup olmaktansa ölmeyi bile göze alır. Bütün gücüyle nefsine hâkim olup günah işlememeye, işlese bile gizli işlemeye gayret eder.

Toplumu ifsat etmeye çalışanların en büyük düşmanı hayâdır. Özellikle günümüzde şer güçlerin güdümündeki basın yayın organlarının ilk hedefi; utanma duygusunu ortadan kaldırmak, pervasızca günah işleyen, işlediği günahtan sıkılacağı yerde iftihar eden bir toplum meydana getirmektir. Sanat ve çağdaşlık maskesi altında fahişeliği itibarlı bir meslek haline sokan, hırsızlık ve rüşveti açıkgözlük ve ticarî deha şeklinde takdim eden bu organlar dürüst ve edepli olmayı adeta suç haline getirdiler. Eskiden erkeklere iç çamaşırını bile göstermekten utanan kadınlar şimdi bunlar sayesinde göstermedik yerlerini bırakmadılar. Yine bunlar sayesinde, insana mahsus bir meziyet olan setr-i avret"'* gericilik simgesi haline getirildi. Eskiden ayıp ve kusur sayılan içki ve kumar gibi kötü fiiller şimdi uygar ve çağdaş olmanın vazgeçilmez şartı haline sokuldu.

Günahları açıktan işleyen kimselere "fâsık" denir. Utanma duygularını yitirdikleri için dinimize göre bunların şehadeti kabul edilmez. Çünkü utanmayan insanın dürüst olması mümkün değildir. Rüşvetin, alkolizmin, kumarın, lezbiyenliğin, homoseksüelliğin, müstehcenliğin istila ettiği hayâsız bir toplumun sonu nereye varır? Şüphesiz ki tarihte nereye varmışsa bugün de oraya varır. Lût kavminin, Nuh kavminin sonu ne olmuşsa bunların sonu da o olur.

Böyle bir akıbete düşmemek için iffet ve hayâ timsali nesiller yetiştirme seferberliğine girişmeliyiz. Manevî ve kültürel yapımızı durmadan kemiren şer güçlere karşı neslimizi, dinimizi ailevî değerlerimizi korumak için karşı tedbirler almalıyız. Manevî ve kültürel alt yapıyı kurup geliştirmeliyiz. Şehevî duyguları istismar ederek insanları nefsin ve hayvanî duyguların esiri haline getirenlere karşı ahlak, iman ve edep gibi silahlarla neslimizi teçhiz etmeliyiz. Radyo, televizyon, sinema, tiyatro, gazete ve mecmua gibi güçlü eğitim ve kültür organlarından faydalanıp müspet şekilde bunları insanlarımızın hizmetine sunmalıyız.

Unutmayalım ki utanma duygusu kötülüklere karşı manevî bir sigortadır. Bu sigortanın yerine konabilecek başka bir tedbir yoktur. Atalarımız ne güzel söylemiş: "Kadını ar zapt eder, er değil." Ar* ve hayâ* duygusunu yitirmiş toplumlarda kanun ve emniyet güçleri de pek fazla işe yaramaz. Bu insanî, millî ve dinî hasletimizi koruyalım ki, kendimizi ve toplumumuzu da korumuş olalım.[26]

Sonuç olarak bu hadiste Efendimizin (sav) hayâsı anlatılmakla birlikte hayânın en çok gençlere yakışan bir özellik oldu-

---

* Setr-i avret: Ayıp yerlerini kapamak.
* Ar: Utanacak şey, utanma.
* Hayâ: Allah korkusuyla günahlardan kaçınma, namus, edep.

ğu anlaşılmaktadır.

Bizim toplumumuzda İslamî terbiye almış olan genç bir kız ergenlik döneminden sonra eskisine nazaran giyiminde, konuşmasında ve oturuş ve kalkışında daha bir dikkatli olur ve kendine çeki düzen verir. Böyle yapılınca genç kızın hareketleri daha ince, davranışları ve insanlarla olan münasebeti de daha zarif ve daha kibar olur.

İşte Güllerin Efendisi (sav) de bu hadis-i şerifte böyle bir genç kıza benzetilmektedir. Benzetme yönü ise O'nun mükemmel edebi ve derin hayâsıdır.

Günümüz gençliğinin her noktada olduğu gibi hayâ ve iffet* noktasında da Efendimizden (sav) öğreneceği çok güzel misaller bulunmaktadır. Hayâ ve ar duygusunun yırtılıp gittiği, iffetin ayaklar altında olduğunu düşündüğümüz böyle bir zaman diliminde Rabbimiz emirlerini yerine getirmeye samimi bir şekilde azmetmiş iffet ve hayâ kahramanı yiğitlerdir ki toplumumuzun o eski zamanlardaki gibi huzur ve sükûnete erişmesine yardımcı olacaklardır. Bir gencin sadece hayâsı ile bile zirveleri yakalaması mümkündür.

Evet, temiz, asil* ve duygulu tabiatları sebebiyle utanma duygusu en fazla hanımlarda bulunur. İnsanın değerini yükselten bu güzel duygu Efendimizin (sav) en belirgin özelliklerinden biriydi.[27]

Edep ve terbiye, utanma ve saygı imandan birer şubedir ve bu meziyetlere sahip olan mü'minler her davranış ve sözleriyle Allah'tan utanma duygusu taşıyorsa büyük sevap işlerler. ahirette ise, Peygamber Efendimizin (sav) yüksek ahlakıyla ahlaklandıkları, O'nun gibi edepli olmaya çalıştıkları için cenneti hak kazanırlar.

---

* İffet: Namus.
* Asil: Soylu.

BÜTÜN AZALARI İLE ZİNADAN UZAK DURAN

Ebu Hüreyre'den (ra) rivayet edildiğine göre Nebî (sav) şöyle buyurdu:

"Âdemoğluna zinadan nasibi takdir olunmuştur. O buna mutlaka erişir. Gözlerin zinası bakmak, kulakların zinası dinlemek, dilin zinası konuşma, elin zinası tutmak, ayakların zinası yürümektir. Kalbe gelince o, arzu eder, ister. Üreme organı ise, bunu ya gerçekleştirir ya da boşa çıkarır."[28]

Zina kadın ve erkeğin meşru bir nikâh olmaksızın cinsel ilişkide bulunmasıdır. Büyük günahlardandır. Zinanın kimisi hakiki, kimisininki ise bakılması haram olan kadına bakmak, zinaya dair konuşmaları dinlemek, yazılı veya görüntülü yayınları izlemek, yabancı bir kadına elle dokunmak veya öpmek, zina etmeye gitmek mecâzi zinadır. Mecâzi zinanın bütün türleri haramdır. Kalp veya nefis zinayı ister. Ancak hakiki zinanın gerçekleşmesi üreme organına bağlıdır. O bazen uygular bazen da bu istekleri başa çıkarır.

Ebu Hüreyre'den (ra) rivayet edildiğine göre Resulullah (sav) şöyle buyurdu:

"Zina yapan bir kimse, zina yaptığı sırada mü'min olarak zina yapmaz. Hırsız da çaldığı sırada mü'min olarak hırsızlık yapmaz. İçki içen, içki içtiği sırada mü'min olarak içmez. Başkasına ait olan bir malı insanların gözleri önünde zorla alan kişi de bunu yaptığı zaman mü'min olarak yapmaz."[29]

Allah (cc), zinayı haram kılmış ve zina işleyenlerin cezasını sert bir şekilde ifade etmiştir. Hatta zinaya yaklaşmayı da haram kılmış ve şöyle buyurmuştur: "Zinaya yaklaşmayın, zira o, bir hayâsızlıktır ve çok kötü bir yoldur."[30]

Dolayısıyla öpmek, kendini güzel göstermek, arzuları harekete geçiren şeyleri açığa çıkarmak, dokunmak, ahlaksız resimler ve filmler yayınlamak gibi şehveti harekete geçiren ve kötülük işlemeye, zinaya yaşlaştıran her şey haramdır.

İsra Suresi'nin 32. ayetinde belirtilen emri "zinaya yaklaşmayın" şeklindedir. İlk bakışta da görüldüğü gibi "Zina yapmayın" tarzında bir ifade yerine "Zinaya yaklaşmayın" ifadesi tercih edilmiştir. Bunun sebebi yasaklananın sadece zina değil, zinayla birlikte zinaya yaklaştırıcı her şeydir. İşte en baştaki hadis-i şerifte sadece tenasül uzvunun değil, gözlerin, ellerin, ayakların da zinası bulunduğu bildirilmekte, tümünden kaçınma gerektiğine dikkati çekilmektedir.

Her ne kadar bu zinalar tenasül uzvuyla yapılan zina derecesinde değilse de, ona basamak ve vasıta olabilecek çapta birer günah olduğu için açıkça yasaklanmışlardır.

Gözler haramdan korunmalıdır. Tâ ki göz zinasına girmesinler. Başka bir ayette, mü'minlerin bu durumlara düşmemeleri için gözlerini bakılması haram olan şeylerden korumaları[31] emredilmektedir. Bir hadiste yabancı kadınları gözle süzmenin, iblisin oklarından zehirli bir ok olduğu bildirilir ve haramdan gözünü çeviren kimseye, Cenab-ı Hakk'ın lezzetini kalbinde duyacağı bir ibadet bahşedeceği müjdelenir.[32] Kıyamet günü bütün gözlerin ağlayacağı, ancak üç gözün ağlamayacağı, ağlamayan üç gözden biri de, Allah'ın bakmayı yasakladığı şeylerden sakınan göz olduğu bildirilir.[33] Tevrat'ta da harama bakışın şehvet tohumunu ektiği, bunun da insanda derin hüzünler doğurduğu belirtilmektedir.

Görüntülü görüntüsüz, gölgeli gölgesiz, canlı cansız müstehcen neşriyatın iman ve ahlakî yapımıza hücum ettiği bir zamanda mü'minlerin gözlerini daha bir titizlikle haramdan korumaları gerekmektedir. Açık saçıklık bir taraftan samimi hürmet ve muhabbeti yok edip aile hayatını zehirlerken, diğer fertlerin de ahlakını çökertmekte, ruhî çöküntü ve alçalışa sebep olmaktadır

Bediüzzaman Hazretleri'nin ifadesiyle, "Nasıl ki, merhume* ve rahmete muhtaç bir güzel kadın cenazesine nazar-ı şehvet* ve hevesle* bakmak, ne kadar ahlakı* tahrip* eder. Öyle de, ölmüş kadınlar suretlerine* veyahut sağ kadınların küçük cenazeleri hükmünde olan suretlerine hevesperverâne* bakmak, derinden derine hissiyât-ı ulviye-i insaniyeyi* sarsar, tahrip eder."[34]

Harama bakmaktan kaçınan Allah'ın emrine uymanın zevkini yaşar, nefsin alçak, hâinâne düşünce ve duygularından uzaklaşır.

Harama bakmaktan çekinmeyen, gözünü Allah adına değil de nefis hesabına kullanan onu değerden düşürtmekle kalmaz, bahsi geçen manevî zevkten de mahrum kalır.

Bediüzzanan'ın ifadesiyle, "Göz bir hassedir* ki, ruh bu âlemi o pencere ile seyreder. Eğer, Cenab-ı Hakk'a satmayıp belki nefis* hesabına çalıştırsan; geçici, devamsız bazı güzellikleri, manzaraları seyr ile şehvet* ve heves-i nefsâniyeye* bir kavvad* dere-

---

* Merhume: Vefat etmiş Müslüman kadın.
* Nazar-ı şehvet: Şehvet ile bakmak, şehvet bakışı.
* Heves: Nefsin hoşuna giden istek.
* Ahlak: İyi ve güzel davranışların bütünü.
* Tahrip: Yıkma, bozma.
* Suret: Resim, yüz, şekil.
* Hevesperverâne: Hevesine düşkün bir şekilde.
* Hissiyat-ı ulviye-i insaniye: İnsanın yüksek duyguları.
* Hasse: Duyu organı.
* Nefis: Kötülüğü isteyen, onu yönlendiren, iyilikten alıkoyan güç.
* Şehvet: Cinsi istek.
* Heves-i nefsâniye: Nefse ait istekler.
* Kavvat: Kendisindeki bir emaneti başkasına peşkeş çeken, satan.

kesinde* bir hizmetkâr* olur." Eğer göz Allah hesabına kullanılırsa hem büyük bir kıymet kazanır, hem de göz gibi bir nimete sahip olma ve onu Allah yolunda kullanmanın mânevî zevkini yaşatır. "Eğer gözü, gözün Sâni-i Basir'ine* satsan ve O'nun hesabına ve izni dairesinde çalıştırsan; o zaman şu göz, şu kitab-ı kebîr-i kâinatın* bir mütalaacısı* ve şu âlemdeki mucizât-ı san'at-ı Rabbaniyenin* bir seyircisi ve küre-i arz* bahçesindeki rahmet çiçeklerinin mübarek bir arısı derecesine çıkar."[35]

Elin zinası da diğer bir hadiste belirtildiği gibi yabancı bir kadına şehvetle dokunmak, tutmaktır. Nefsanî duyguların harekete geçtiği böyle bir tutuş da manevî bir sükuttur. Bir hadiste, bir kimsenin başına demirle çivi çakılmasının böyle bir hareketten daha iyi olduğu bildirilmiştir.[36]

Ayakların zina etmesi de böyledir. Nefis hesabına, şehevanî arzu ve isteklerle atılan her adım ayakların zinasıdır. Bir hadiste bu açıkça bildirilir: "Gidilmesi yasak olan yerlere gitme, o yolu adımlama ayakların zinasıdır."[37]

Kısacası bütün organların zinası vardır. Dil de, el de, ayak da, kalp de zina yapar. Tenasül uzvu da bu arzuları ya gerçekleştirir ya da reddeder. Bu hususu yine bir hadisten öğreniyoruz.[38]

Görülüyor ki bir çarpıklık söz konusudur. Organları fıtrî vazifeleri dışında kullanma, maksatlarına ters istikametlere yönlendirme tehlikeli boyutlara yöneltmekte, maddî ve manevî hasarete sebep olmaktadır.[39]

Peygamber Efendimiz (sav) bir hadis-i şerifinde ise, "Zina fakirlik getirir"[40] buyurmuktadır.

---

* Dereke: Aşağı mertebe, alt derece, negatif seviye.
* Hizmetkâr: Hizmetçi.
* Sâni-i Basîr: Her şeyi hakkıyla gören ve her şeyi sanatla yaratan Allah.
* Kitab-ı kebîr-i kâinat: Büyük bir kitap gibi manalar ve hikmetler ifade eden kâinat.
* Mütalaacı: Bir şeyi etraflıca inceleyen, düşünen ve okuyan.
* Mucizât-ı san'at-ı Rabbaniye: Her şeyi terbiye ve idare eden Allah'ın sanat mucizeleri.
* Küre-i arz: Yer küresi, dünya.

Zina ahlaksızlıktır, çirkin bir fiildir, soyun zarar görmesine sebeptir, insanlığın temiz hayatına suikasttır. Bu çirkin fiili yapanı sonunda sıkıntı ve zillet içinde bırakır, her türlü azaba müstahak kılar. Büyük bir cinayettir ve bu yüzden dinimizde zinanın cezası pek ağırdır.

Birçok genç bu gayrimeşru hareketten dolayı ne büyük felaketlere uğramaktadır! Bir nice insan vardır ki, böyle hayvanî bir zevkin etkisiyle, insanî duygularını kaybetmiştir. Böyleleri sefahet* âlemlerine girmek için can atarlar, hak yolunda harcanacak mallarını nefislerinin arzularını tatmin etmek için boş yere sarf ederler. Sefahet yerlerinin o zillete düşüren teraneleriyle* dolu kulakları, hak sözleri işitmez; yardıma muhtaçların, gariplerin ahlarını*, elim feryatlarını asla duymaz!

Eğer her kadın ve erkek, evlilik yoluyla kurulan temiz dairenin içine girmeyip, gayrimeşru ilişkiler içine dalsaydı, insanlık âlemi çoktan mahvolmuş olurdu; bugünkü düzenli hayattan bir eser kalmazdı. Toplum içinde iffetten, temiz ahlaktan mahrum kişilerin varlığından dolayı, bütün insanlık kan ağlamalıdır. İnsaniyet sahasını bu gibi bozuk ve zehirli uzuvların kötülüğünden temizlemeye çalışmalıdır.

Sözün özü genç asla nefsine yenilmemeli, iffet ve namusuna leke sürecek hareketlerden kaçınmalı, hayatını, sıhhatini ve şerefini korumalıdır. Dinimizin gösterdiği doğru yol budur, bu yolu takip etmekten başka kurtuluş çaresi de yoktur.

---

* Sefahet: Yasak şeylere, eğlence ve zevke düşkünlük.
* Terane: Ahenk, makam, nağme
* Ah: İç çekme, hayıflanma, inleyip sızlama, yanıp yakılma.

GÖZLERİNİ HARAMDAN KORUYAN

Cerir'den (ra) şöyle dediği rivayet edilmiştir: "Resulullah'a (sav), (yabancı kadınlara) ansızın bakmanın hükmünü sordum. Resulullah (sav), 'Gözünü (hemen o anda başka tarafa) çeviriver!' buyurdu."[41]

İradeye dayalı olmayan sözler, işler ve davranışlardan kişi mesul değildir. Çünkü ameller niyetlere göredir.

Bu sebeple önüne çıkan bir kadına bakan kişi sorumlu değildir. Ancak bir kadına şehevî duygularla ve güzelliklerini keşif maksadıyla ikinci bir defa bakan kişi haram işlemiş olur. Şehvetli bakışların uğrayacağı ahiret cezasını da Peygamberimiz (sav) şöyle açıklamıştır:

"Nikâhlısı olmayan bir kadına şehvetle bakan kişinin kıyamet gününde gözlerine erimiş kurşun dökülür."[42]

Baştaki hadis-i şerifte aniden ve ansızın bakılması haram olan bir şey görüldüğünde gözü hemen oradan çekmeyi öğütlemektedir. Evet, kasıtsız olarak ve ansızın, bir kadının bakılması haram olan bir yerini görüvermenin herhangi bir sorumluluk doğurup doğurmayacağı merak edilip Resul-i Ekrem Efendimize sorulmuş ve Efendimiz, "Hemen gözünü (başka tarafa) çevir!" buyurarak bu bir anlık görmenin sorumluluk doğurmayacağını, bakmaya isteyerek devam etmesi halinde haram işlemiş olacağını bildirmiştir. Nitekim ayette Allah Teâla da, "Mü'min erkeklere söyle, gözlerini haramdan sakınsınlar!"[43] buyurmaktadır.

Konuya ışık tutan şu olayı da kaydedelim: Kadınların örtünmesiyle ilgili emir geldikten sonra, gözleri görmeyen âmâ sahabi Abdullah bin Ümmü Mektum, Peygamber Efendimizle muhterem eşlerinden Ümmü Seleme ve Meymûne'nin de bulunduğu bir ortama gelmişti. Efendimiz onlara İbn Ümmi Mektûm geldi diye örtünmelerini emretmişti. Onlar, gelen kişinin âmâ (gözleri görmeyen) olduğunu, bu sebeple de kendilerini görme ihtimalinin bulunmadığını söylemişlerse de Efendimiz, harama bakma yasağının sadece erkeklere ait olmadığını kadınların da aynı şekilde nâmahreme bakmamaları gerektiğini bildirmek üzere "Siz ikiniz de mi âmâsınız, onu görmüyor musunuz?" buyurmuştur. Nitekim Nur Suresi'nin 31. ayetinde "Mü'min kadınlara da söyle, gözlerini haramdan sakınsınlar" buyrulmaktadır. Binaenaleyh gözleri haramdan sıkındırmak, hem Müslüman erkeklerin hem de Müslüman hanımların görevidir.

Âmâ (gözleri görmeyen) bir erkeğin yanında dahi örtünmenin sadece Hz. Peygamber'in hanımlarına has bir görev olduğu da ifade edilmiştir. Efendimizin iki hanımına yaptığı bu örtünme tavsiyesi, onların âmâ da olsa erkeklere bakmamalarını tembih anlamında da yorumlanabilir. Aslında şehvet duyulmaması halinde Müslüman kadınların, Müslüman erkeklere göbek ile diz kapakları arası hariç diğer yerlerine bakmaları mübahtır. Ancak şehvet söz konusu olacaksa bakmamalıdır. Bunun tayin ve tespiti zor olduğu için ortaya çıkması muhtemel kötülükleri önlemek bakımından ihtiyatlı davranılması tavsiye edilmiştir.

Konuyla alakalı diğer bir hadiste şöyle buyrulmaktadır: "Nazar (bakış) şeytanın zehirli oklarından bir oktur. Kim Benim korkumdan dolayı harama bakmayı terk ederse, kalbine öyle bir iman neşvesi* ve halaveti* (tatlılığı) atarım ki, onun zevkini gön-

---

* Neşve: Sevinç.
* Halavet: Tat, tatlılık.

lünün derinliklerinde duyar."[44] Bu hadisteki "Kim Benim korkumdan..." diye devam eden kısım kudsî bir hadistir. Yani Efendimiz bunu Rabbimizden bize aktarmaktadır. Efendimiz, Rabbimizin bu iltifatkâr beyanını naklederek Müslümanları gözlerini harama kapatmaya çağırmıştır.

Genç kardeşim, eğer yürüyen birini tanımak, açık yeşil dağlara, ovalara, akarsulara, masmavi gökyüzüne, güzel bir manzaraya bakıp Allah'ın (cc) varlık ve birliğini düşünüyorsan bak. Bakışını da kısma. Yalnız kadınlara, yoldan geçen kızlara şehvet mikroplarıyla dolu, fitne kıvılcımlarıyla yüklü kontrolsüz bakışlarını salıverme. Çünkü bu ölçüsüz ve sınırsız bakışlar yukarıdaki ayet-i kerimeyle de yasaklanmıştır.

Kadınlara bakmak bu derece haram oluyorsa kötü sözler telaffuz eden, küfür söyleyen ve iffetli kadınlara iftiralarda bulunmanın durumu ne olur? Muhakkak ki vebali büyüktür ve Allah (cc) katında büyük günahtır.

Yoldan geçen kadınlara zehirli bakışlarla bakmak nasıl ki erkeklere haramsa, yollarda, sokaklarda kırıtarak parfümler sürerek yürümek, açılmak, saçılmak erkeklerin dikkatini çekecek hal ve davranışlarda bulunmak da kadınlara haramdır.

Evet, harama nazar, zehirli bir oktur. İnsanı zehirleyerek etkisini bir müddet devam ettirir. Eğer tevbe ilacı ile tedavi edilmezse bu zehirli okun insanda meydana getireceği yaraları başka türlü yok etmenin bir çaresi yoktur. Gözlerin bakmakla yükleneceği günahlar insanın kalbine bir ok gibi saplanır. Gözlere günahın ilişivermesi yeterlidir. Gerçek yiğitlerdir ki o bakışı devam ettirmezler ve kalplerini yaralayan bu oku hemen tevbeyle yok ederler.

Allah Teâlâ'nın harama bakmayı terk eden kimseye verdiği müjdenin haddi hesabı yoktur. Zira hadisin devamında kalbe verilecek bir iman neşvesinden bahsediliyor ki böylece imanın tadını tatmak mümkün olacak ve kim bilir o iman tadıyla daha ne manevî güzelliklere erişilecektir.

Hadiste ifade buyrulan hususlardan biri de harama bakmayı Allah korkusundan dolayı terk etmek gerektiğidir. Başka hangi sebeple bakış terk edilebilir? Bu ayrı bir mesele olsa da önemli olan Allah'ın bir şey istediği için o işi yapmak veya bir şeyin yapılmasını yasakladığı için onu terk etmektir ki bu, ihlaslı olmak demektir.

Yine Efendimiz şöyle buyurur: "Üç kimse vardır ki (kıyamet günü) onların gözleri ateşi görmeyecektir. Allah yolunda uykusuz kalan göz, Allah korkusundan ağlayan göz ve Allah'ın bakmasını yasakladığı şeylerden sakınan göz."

Harama bakmamayı ifade eden diğer bir hadiste Allah Resulü Efendimiz (sallallahu aleyhi ve sellem) öncelikle Hazreti Ali efendimize, ikinci olarak da bütün ümmetine hitaben, "Ya Ali, birinci bakış lehinedir, fakat ikincisi aleyhinedir" buyurmuştur.[45] Bir kasıt olmadığı için ilk bakışın mesuliyet ve sorumluluk getirmeyeceğini belirten Efendimiz ikici defa bakmak iradî ve isteyerek olduğundan, onun günah hanesine yazılacağını vurgulamıştır. Böylece harama götüren yolu ta baştan kesmiş, günahlara geçit vermemek gerektiğine dikkat çekmiştir. Evet, irade dışı göze ilişen birinci bakışta günah yok ise de, ikinci ve diğer bakışlarda irade devrede olduğu için, nefsin rolü vardır ve bu bakış, kişiyi alıp götürebilecek bir zincirin ilk halkası olduğundan haramdır. Efendimiz harama götüren yolu, ta baştan bu şekilde önlemekte ve günahlara geçit vermemektedir.[46]

Efendimiz arzu ve heveslerine göre hareket etmede diğer insanlara göre daha atılgan olan gençlere seslenmektedir. Hele günümüzde sokaklarda, çarşı pazarda istemeyerek de olsa göze ilişen nahoş manzaralar olmaktadır. Bu hadisi pratikte uygulayarak ikinci kez bakmamak suretiyle gözlerini haramdan çekenlere bir vacip sevabı kazanma müjdesi de verilmiştir. Evet, vacip bir ibadetten kazanılacak sevap çok önemlidir ve bu sevabı, gördüğümüz bir haramdan gözlerimizi kaçırarak ve ikinci kez ona bakmayarak kazanmak mümkündür.

Bir keresinde İmam Şafii Hazretleri, hocası Veki' bin Cerrâh'ı hafızasının zayıflığından şikayette bulununca, o büyük zat, İmam Şafii'yi en küçük günahlardan bile uzak durmaya çağırmış ve ona şöyle demiştir: "İlim, ilahî bir nurdur; Ccnab-ı Allah, devamlı günahlara dalan kimseye nurunu lutfetmez." Kaldı ki, İmam Şafii muhtemelen bir metni ilk defada değil de ikinci veya üçümncü kerede ezberleme durumuna düşünce hafızasından şikayet etmiştir. Ayrıca, İmam Şafii gibi bir ruh insanının bilerek günaha girmesi de zaten hiç düşünülemez.[47]

Bütün Müslümanların özellikle de gençlerin gözlerinin haram göreceği yerlerden mümkün mertebe uzak durmaları, yeme ve içmelerine dikkat etmeleri, insanı hayra yönlendirici yerlere devam etmeleri, şehveti tetikleyen ortamlardan ve stresten uzak durmaları, baktıkları haramın kendilerinin olmadığını düşünmeleri, ayrılınca acı çekeceklerini idrak etmeleri bu hususta yapılabilecek birkaç tavsiyedir.[48]

Rabbimiz şöyle buyurur: "(Resulüm!) Mümin erkeklere, gözlerini (harama) dikmemelerini, ırzlarını da korumalarını söyle. Çünkü bu, kendileri için daha temiz bir davranıştır. Şüphesiz Allah, onların yapmakta olduklarından haberdardır. Mü'min kadınlara da söyle, gözlerini bakılması yasak olandan çevirsinler, iffetlerini korusunlar. Süslerini, kendiliğinden görünen kısmı müstesna, açmasınlar. Başörtülerini yakalarının üzerine salsınlar..."[49]

İslam toplumu, temiz bir toplumdur. İslam toplumunda, ne gözlerde, ne de kalplerde herhangi bir ihanet yoktur. Bunun için ilk önlem, gözü sakınmaktır. Gözünü harama bakma konusunda sakındıran kimse, Allah'ın kalbine verdiği imanın tadını alır. Bu tür bir tadı almak isteyen kimsenin, Allah'ın emrini yerine getirmek için gözünü harama dikmekten kaçınması gerekir. Nefsine hâkim olduğunu, dolayısıyla gözünü sakındırmaya ihtiyacı olmadığını söyleyen kimse önemsenmez. Çünkü eğer bu doğru olsaydı, bu yasak, insanlığın en hayırlısı olan Resulullah (sav) için helal olurdu.

Hadis, herhangi bir kasıt taşımayan, ilk bakışın affedileceğini açıklar. Ancak ikinci bakış ya da ilk bakışı devam ettirmeye gelince, insan bu konuda hesaba çekilecektir. Erkekler ve kadınlar bu konuda eşittirler.

Bakış, İblis'in oklarından biridir. Gözünü haramdan koruyan kimseye, Allah, kalbinde tadını bulacağı bir iman ihsan eder. Şüphesiz İslam toplumu, kadın ya da erkek olsun, vücut organlarını fuhuş ve zinaya düşmekten korur. Örtünmenin farz kılınması, gözlerin haramdan sakınılması, temiz toplumun herhangi bir kötülüğe, ihanete ya da fuhşa düşmemesi için konulmuş koruyucu önlemlerdir. Bu, ailenin varlığını korur; toplumun, en üstün ahlak kuralları üzerinde yükselmesini ve alçaklıktan uzak kalmasını sağlar.

Günümüz gençlerine örnek olması için işte size iffet ve hayâ abidesi Pakistanlı bir kardeşimizin hatırası:

Pakistanlı bir genç, Rusya'da burslu eğitim görmeyi kazanır. Rusya'nın o zamanki adı, Sovyetler Birliği'dir ve ülkede katı bir komünist rejim uygulanmakta, hatta bunu bütün dünyaya ihraç etmek için sistemli projeler uygulanmaktadır.

Zaten başka ülkelerden en zeki ve çalışkan öğrencilerin ülkede okutulmasının sebebi, onları bir komünist olarak yetiştirip kendi ülkelerinde propaganda yapmalarını sağlamaktır.

Genç çok akıllı, güzel ahlaklı ve çalışkandır. Kendisini Rusya'ya gönderen Pakistan'daki Tebliğ Cemaati'nin ileri gelenleri şu tavsiyede bulunurlar:

— Orada dinini çok güzel yaşa. Ahlak ve terbiyenle insanlara örnek ol ki, İslam'ın güzelliğini anlasınlar. Dinini anlatmaya kalkışma, iffetli ve ahlaklı olman yeter. Zaten dinini anlatırsan propaganda yapıyor diye seni geri gönderirler.

Delikanlı Rusya'ya gittiğinde tavsiyelere aynen uyar. Ahlak ve iffetiyle okuldaki herkesin dikkatini çeker. Genç olmasına rağmen, önüne konan bütün oyun ve eğlenceden uzak durur, her türlü tuzağa sırt çevirir. Onun bütün derdi, iyi bir eğitim alıp ülkesinin kalkınmasına katkıda bulunmaktır.

Ruslar onu elde edebilmek için duygularını cezb edecek bir tuzak planlarlar. Okulun en güzel kızına onunla arkadaş olmak ve gençlik heveslerine çekmek görevi verirler. Ama o genç, iffetinden asla taviz vermez.

Birçok yolları denediği halde başarılı olamayan genç kız bir gün çok açık bir kıyafetle delikanlının odasına girer. Onu gayrimeşru bir ilişkiye çekebilmek için bütün hünerlerini kullanır. Böylece kesinlikle sonuç alacağına inanmaktadır. Çünkü bugüne kadar ona hayır diyen bir genç çıkmamıştır.

Ne var ki, hiç de beklediği gibi olmaz. İffet ve ahlakı kendisine düstur edinen Yusuf-misal genç, hemen secdeye kapanır. Çünkü bu korkunç imtihanda çaresizdir ve doğrudan doğruya Allah'a sığınmaktan başka çözüm yoktur.

Secdede hem hıçkıra hıçkıra ağlamakta hem de şöyle dua etmektedir:

— Ya Rabbi, ben bu imtihanı kazanacak kadar güçlü müyüm? Allah'ım, iffetsizlikten Sana sığınırım.

Genç kız Pakistanlı öğrencinin yaptıklarına bir türlü anlam veremez.

— Benim peşimden koşan birçok genç var, der. Hiç kimse bana hayır diyemez. Oysa sen hiç ilgilenmiyorsun. Niçin böyle yaptın?

Gözyaşlarıyla secde ettiği yeri ıslatan genç bunları duyacak durumda değildir. Sürekli ağlamakta ve dua etmektedir.

Güzelliğiyle diğer gençleri büyüleyen Rus kızı, giyinmekten başka çare bulamaz. Az sonra Müslüman genç kendine gelince sorar:

— Niçin yere kapandın, niye ağladın?

Edep ve hayâ timsali Müslüman genç, başı önüne eğik bir şekilde cevap verir:

— Ben Müslüman'ım, bizim dinimizde gayrimeşru ilişkiler

şiddetle yasaklanmıştır.

Derken aralarında sorulu-cevaplı bir sohbet başlar. Pakistanlı genç, kendisini tuzağa düşürmek için gelen Rus kızın İslamiyet'le ilgili sorularını cevaplar. Kız dinlediklerine hayran kalır ve şehadet getirerek Müslüman olur. Ancak maneviyat dünyasındaki bu buluşma, onların ayrılıklarının da başlangıcı olur. Çünkü delikanlının dinî propaganda yaptığını ileri süren Rus yetkililer, onu ülkesine geri gönderirler.[50]

Bu olay çağımızda yaşanmış muhteşem bir iffet hikâyesidir. Bu genç iffet imtihanını başarıyla geçen ender insanlardan birisidir. Birçok Müslüman, bilhassa gençler, özellikle günümüzde bu zorlu sınavı maalesef geçememektedir. Gençlerimizin yaşadığı iffet imtihanı geçmiş asırlara göre o kadar çetindir ki, başarabilmek için güçlü bir hazırlık ve donanım gerekmektedir.

Rabbim bizleri dünya ve ahiret sınavını başarıyla geçenlerden eylesin, âmin.

MAHREMİ OLMAYAN KİŞİLERLE TOKALAŞMAYAN

Hz. Âişe (r.anha) anlatıyor:
"Allah'a yemin olsun ki; biat sırasında (bile) Allah Resulü'nün eli, hiç bir kadının eline değmemiştir."[51]

Günümüzün modern hayatında Müslüman hanımın ve de erkeğin sorunlarından birisi de birbirlerine yabancı olan kadın erkek ilişkilerinde tokalaşma konusudur.

Tokalaşma, karşılaşan iki insanın birbirlerinin ellerini tutarak sıkması şeklidir. İslamî deyimle buna "musafaha" denir. Musafaha, Hz. Peygamber (sav) tarafından uygulandığı gibi, yapılmasını da tavsiye etmiştir.

Buna göre erkekler veya kadınlar birbirleriyle tokalaştıkları gibi, aralarında evlilik münasebeti olamayacak durumda olan erkek ve kadınlar da gerektiğinde birbirleriyle tokalaşabilirler. Yani kadın, kendi hemcinsleriyle tokalaştığı gibi; oğlu, torunu, babası, dedesi, erkek kardeşi, yeğeni, amcası, dayısı, büyük amcası, büyük dayısı, kayın pederi, üvey oğlu, sütoğlu veya sütbabası gibi kan bağı ya da süt bağı olan akrabalarıyla tokalaşabilir.

Ancak bunlar arasındaki yakınlıktan fitne korkusu olması halinde, yani şeytanın da devreye girmesiyle genç olan bu iki cinsin tokalaşması sonucunda bir cinsellik duygusu oluşma tehlikesi halinde kadın, bu tür akrabalardan bazılarına karşı mesafeli durmalıdır. Mesela üvey oğul ya da süt bağı bulunan kimseler ve genç olan üvey anne gibi yakın akraba kabul edilenler bu kapsamda düşünülebilir.

Peki, "Birbirlerine yabancı olan erkek ve kadınların birbirleriyle tokalaşması dinen caiz midir?" konusu, gerek Kur'an ve gerekse Hz. Peygamber'in (sav) sünneti açısından incelenmeye değer bir konudur.

Kur'an-ı Kerim'de tokalaşmayla ilgili herhangi bir ifade yoktur. Ancak "Harama götüren her şey haramdır" şeklinde özetlenebilecek olan genel fıkıh kuralına göre, Kur'an-ı Kerim'deki "Zinaya yaklaşmayın"[52] emriyle zinaya giden bütün yollar yasaklanmıştır.

Denebilir ki; kadın ile erkek arasındaki dokunmak ya da tutmak gibi davranışlar, zina öncesi hareketler olarak kabul edildiği için İslam dini, meşru görmediği bu davranışları da yasaklamıştır.

İnsanlar gözleri kapalı tokalaşmadıklarına göre "tokalaşma" kavramından önce gelen "bakma ve görme" konusunda da İslam'ın genel hükmüne ve özellikle Hz. Peygamber'in tavsiyelerine bakmak gerekir.

Mesela, bir gün Hz. Peygamber (sav), Hz. Ali'ye (ra) "Ya Ali, bakışına bakış ekleme. Birinci bakış senin lehine (günah değil), ikinci bakış ise senin aleyhinedir (günahtır)"[53] buyurmuştur.

Yine bir gün Hz. Câbir (ra), bir kadına ani bakışın hükmünü Hz. Peygamber'e (sav) sorunca; Hz. Peygamber (sav) "Bakışını hemen çevir"[54] buyurmuştur. Çok iyi bilinen bir gerçektir ki; cinselliği etkileme noktasında özellikle genç kadın ile erkek arası dokunma işlemi, birbirlerine bakma işleminden daha etkilidir. Bunun için "bakmak" Peygamber ifadesiyle haram sayıldığına göre, dokunmanın da öncelikli bir haram olması gerekir.

Hz. Peygamber'in (sav) muhterem hanımlarından Hz. Ümmü Seleme ile Hz. Meymûne (r.anhüma), Hz. Peygamber (sav) ile birlikteyken gözleri görmeyen (âmâ) İbni Ümmi

Mektûm gelip onların yanına girince, Hz. Peygamber (sav) hanımlarına, "Örtününüz" buyurdu. Onlar, "Ya Resulallah! O görmeyen bir âmâ değil mi? O bizi görmez" dediler. Bunun üzerine Hz. Peygamber (sav), "Siz de mi âmâsınız? Siz onu görmüyor musunuz?"[55] cevabını verdi.

Tokalaşma olgusundan önce görmek ve bakmak şart olduğuna, Hz. Peygamber'in (sav) bakmak ve görmek konusundaki kesin emirleri de böyle olduğuna göre; yabancı bir kadınla tokalaşmak konusu daha net bir biçimde anlaşılmış olmalıdır. Tekrar etmeye gerek yoktur ki; İslam bir erkeğe neyi yasaklamış ise, aynısını kadına da yasaklamıştır. Yani bir erkeğin yabancı bir kadına bakması nasıl sakıncalı görülüyorsa; bir kadının da aynı şekilde yabancı bir erkeğe bakması sakıncalı görülür.

Hz. Peygamber'in (sav) tüm davranışları, Müslümanlarca örnek alınması gerektiğine göre, yabana kadınlarla tokalaşma konusunda da O'nun hayatına bakmak ve O'nun gibi yaşamak gerekir.

Şurası bir gerçektir ki; Hz. Peygamber (sav), kendisine yabancı olan kadınlara el sürmemiş, hiçbir kadınla tokalaşmamış ve hiçbir kadın da O'na el vermemiştir. Nitekim gerek ikinci Rıdvan Biatı'nda* ve gerekse Mekke'nin Fethi'nde, musüfaha yaparak (tokalaşarak) erkeklerden biat alan Hz. Peygamber (sav), kadınların elini tutmamıştır.

Kadınlardan da biat almanın esaslarını belirleyen "Ey Peygamber! İnanmış kadınlar, Allah'a hiçbir şeyi ortak koşmamak, hırsızlık yapmamak, zina etmemek, çocuklarını öldürmemek, elleri ile ayakları arasında bir iftira uydurup getirmemek, iyi iş işlemekte sana karşı gelmemek hususunda sana biat etmeye geldikleri zaman, biatlerini kabul et"[56] şeklindeki ayet-i kerime inince; Hz. Peygamber (sav) Medine'de hanımları toplayıp onlardan biat istemiş, fakat hiçbirisinin eline dokunmamıştı.

---

* Biat: Birinin hâkimliğini, hükümdarlığını kabul etme, el sıkışma.

Zira Hz. Âişe (r.anha), bu biatin şeklini anlatırken "Mü'min kadınlardan ayetteki şartları kabul edene, Hz. Peygamber sadece sözlü olarak 'Seninle biat yaptım' diyordu" dedikten sonra, "Allah'a yemin olsun ki, biat sırasında Allah Resulü'nün eli, hiç bir kadının eline değmemiştir"[57] buyurmuştur.

Diğer taraftan Hz. Peygamber'in (sav) biat sırasında kendi elinin kadınların eline değmemesi için, araya bir bez parçası koyduğu ya da içinde su bulunan bir geniş kap kullandığı, o suyun içine elini batırdıktan sonra bir kadının o suya ellerini batırmak suretiyle inanmış bütün kadınların biat etmiş sayıldıkları rivayetleri vardır. Hatta bunun sonucunda Hz. Peygamber'in (sav) "Ben kadınlarla tokalaşmam"[58] buyurduğu rivayet edilmiştir.

Her ne kadar hadis kaynaklarında pek güvenilir görülmese de Taberânî'nin rivayet ettiği bir ifadede Hz. Peygamber'in (sav) "Sizden birinizin başına demirden bir iğnenin batırılması, kendisine helal olmayan bir kadına dokunmasından daha hayırlıdır" şeklinde bir hadisi de nakledilmektedir.

Özetlemek gerekirse, birbirlerine yabancı olan genç erkek ve kadınların tokalaşmasının dinen uygun görülmemesindeki asıl mesele, birbirlerine yabancı olan bu iki cinsin (kadın-erkek) yakınlığını ve dolayısıyla harama girmelerini önlemektir. "Benim kalbim temiz" gibi ifadeler, insanı aldatmamalı, insan her zaman dikkatli olmalı ve kendini korumaya çalışmalıdır.

Nitekim bir peygamber olarak Hz. Yusuf (sav) bile, "Ben nefsimi temize çıkaramam, nefsime iyi diyemem. Çünkü nefis, fazlasıyla kötülüğü emreder"[59] demiş ve bize örnek olmuştur. Bir peygamber bile bu konuda kendini güvende hissetmediğine göre, peygamberlerden daha fazla kendini kontrol edebilecek kimse bulunamaz. Bizim Peygamberimiz de kadınların elini tutmadığı ve onlarla tokalaşmadığı halde, biz kendimize nasıl güvenebiliriz?

Sonuç olarak denebilir ki; gerek ayet ve gerekse hadislerde

açık bir şekilde erkeklerle kadınların tokalaşması yasaklanmamakla birlikte, Hz. Peygamber'in (sav) hiçbir kadınla tokalaşmadığı dikkate alınarak, inançlı erkek ve kadınlar, tokalaşmayı sadece mahrem olan akrabalarla sınırlı tutmaya özen göstermelidirler. Nitekim harama giden yolu kapama ve ihtiyatlı olma prensibi bunu gerektirir.

Tokalaşmak istemeyen fakat tokalaşma emrivakisiyle karşılaşan erkek ya da kadın, uygun bir zaman ve uygun bir üslup içinde "Bizim geleneğimizde böyle bir durum yok, Peygamberimiz de yapmamış, büyüklerimiz de zorunlu bir ihtiyaç olmadıkça uygun görmemişler, bunun için biz de yapmıyoruz" demeleri daha uygun olur.

Bütün bu ifadeler, özellikle genç ve birbirlerine yabancı olan erkek ve kadınların tokalaşmasını sakıncalı göstermektedir. Bunun için bu durumdan kaçınmalıdır. Fakat bütün bu hükümler, kendilerinde cinsellik beklentisi olan gençler için söz konusudur. Cinsellik gibi bir beklentisi olmayan ya da kendisinden böyle bir durum beklenmeyen yaşlı kadınların ve erkeklerin durumu farklıdır. Saygı duyulan yaşlıların elleri öpülebileceği gibi, aynı zamanda onlarla tokalaşmakta bir sakınca yoktur.[60]

GENÇLİĞİNİ ALLAH'A (CC) ADAYAN VE ŞEHVETİNİ BIRAKAN

"Dünyanın lezzetini ve eğlencesini terk eden, gençliğini Allah'a itaat ile karşılayan hiçbir genç yoktur ki Allah o gence yetmiş iki sıddîkın* sevabını vermemiş olsun. Allah Teâlâ, kendisine has münezzehiyet ve mukaddesiyetiyle o gençle iftihar eder ve ona şöyle der: 'Ey şehvetini Benim için bırakan genç! Ey gençliğini Bana adayan yiğit! Sen benim nezdimde meleklerimin bazısı gibisin.'"[61]

Peygamber Efendimiz (sav) bir başka hadislerinde şöyle buyurmuşlardır:

"İnsanoğluna şu beş şeyden hesap sorulmadıkça onun ayakları kıyamet gününde Rabbinin huzurundan ayrılmayacaktır: Ömrünü nerede tükettiğinden, gençliğini nerede yıprattığından, malını nerede kazanıp nereye harcadığından ve öğrendiği ilimle nasıl amel ettiğinden..."[62]

Görüldüğü gibi burada her yaş ve her baştaki insanı yakından ilgilendiren beş nimetin hesabının sorulacağı belirtilmektedir.

Ömrünü nerede tükettiğinin sorulması, bir bakıma "hayat nimeti"nin ve insana ihsan edilen "zaman"ın nerede harcandığıyla ilgilidir. İnsana, hayatı ve zamanı ihsan eden Allah oldu-

---

* Sıddîk: Pek doğru, hiç yalan söylemeyen.

ğuna göre, bu nimet O'nun rızası ve emirleri doğrultusunda kullanılmalıdır.

Yüce Peygamberimiz (sav), İbn Abbas'tan rivayet edilen bir hadiste, "İki nimet vardır ki, insanların çoğu bunda aldanmıştır: Sıhhat ve boş vakit"[63] buyurarak, mühim bir zaafımıza dikkat çekmiştir. Maalesef, birçoğumuz, özellikle sıhhat ve zaman bakımından bol imkânları bulunan gençler, bu hususta yanılmaktadırlar.

"Gençliği nerede yıprattığının" sorulması ise, doğrudan gençleri ilgilendirmektedir. Bu sorgulama, "gençliğin güzel yaşamak, hoşça vakit geçirmek, gülüp eğlenmek" için verilmediğini göstermektedir. Mademki gençlik, Allah'ın nimetleri bakımından birçok artıları olan bir devredir; onun şükrü de, bu nimeti Allah'ın izni dairesinde kullanmaktır. Gençlere ihsan edilen "güç, kuvvet, sıhhat, afiyet" gibi nimetler, daha fazla sevap kazanmanın birer vasıtası olmazlarsa, dünyada da, ahirette de başımıza bela olabilirler.

"Malın nerede kazanılıp nerede harcandığının" sorulması da, tüm insanları uyaran bir alarm zili hükmündedir. Çünkü bu cümleyle, herkesin helal kazanıp helal yollara harcaması istenmektedir. Parayı Allah'ın razı olduğu yollarla kazanmak ve O'nun rızasına uygun yerlere sarf etmek, dünyevî harcamalarımızda israf etmemek gerekir.

"Öğrenilen ilimle nasıl amel ettiğinin" sorulması, aslolanın öğrenmek değil, onu hayata geçirmek olduğunu göstermektedir. Kur'an'da Rabbimiz öğrendiği ilmi uygulamayan insanları, "kitap taşıyan eşeklere" benzetmektedir. Çünkü her ikisinin de taşıdığı ilimden bir kazancı yoktur. Yine Peygamberimizin (sav), "İnsanlar helak oldular âlimler müstesna, âlimler de helak oldular ilmiyle amel edenler müstesna, amel edenler de helak oldular ihlaslı olanlar müstesna, ihlaslılar da büyük bir tehlikenin üzerindedirler" hadisi, hepimizi titretmeli ve daha bir dikkatli olmaya sevk etmelidir.

Yukarıdaki izahlarla birlikte bu hadiste önemli bir soruya da cevap var. Bu hadis, "Yaşlanınca ibadet ederiz" diyen gençlerin büyük bir hata ettiğini gösteriyor. Böylece insanın sadece yaşlılık döneminden değil, gençliğinde yaptıklarından da sorumlu olduğu ihtar ediliyor.

Nitekim Kur'an'da Zilzal Suresi'nde, "Kim zerre kadar iyilik yaparsa onu görür, kim de zerre kadar kötülük yaparsa onu görür" buyrularak, insanın bütün ömründe yaptıklarından sorumlu olduğu ifade edilmiştir.

Yukarıdaki hadisimizi tamamlayan şu hadisteki uyarılara da kulak vermek gerekir:

"Beş şey gelmeden evvel beş şeyi fırsat bil:

Ölüm gelmeden önce hayatının,

Hastalık gelmeden önce sağlığının,

Meşguliyet gelip çatmadan önce boş vaktinin,

İhtiyarlık gelmeden önce gençliğinin,

Fakirlik gelmeden önce zenginliğinin."[64]

Hadiste anlatılan hususlar her insanın başına gelecek veya gelmesi muhtemel olan şeylerdir. Yaşlılık hali gelmeden gençliğin değerini bilmek lazım. Gençliğin değerini en iyi bilenler yaşlılardır. Allah'ın uzun ömür verdiği herkes bir gün yaşlanacaktır. Önemli olan ihtiyarlık devresine girmeden, daha gençken onun değerini bilmektir. "Ben şimdi gençliğimi yaşayayım. Sonra herkes gibi bakarız" şeklinde bir yaklaşım pek çok kimsenin yapabileceği yanlış bir davranıştır. Ama bu dünyaya gönderilme sebebimiz olan ibadet ve Allah'ın ismini dünyanın dört bir tarafına götürme idealini, Fatih gibi kanı da yaşı da ruhu da genç olanlar yerine getirebilecektir.

Ömrünün ihtiyarlık demlerinde, elini dizine vurup "Ah gençlik!" diyen nice insanlar görmüşüzdür. Hatta "Gençlik bir gün geri gelse de ihtiyarlığın bana neler yaptığını ona anlatsam" sözü atasözü olarak kitaplardaki yerini almıştır. Gençliğin gücünü, delikanlılık dinamizmini, Allah'ın bize öğrettiği dinin güzelliklerini başka insanlara da ulaştırma istikametinde kullanmak gerekir. İşin sonunda, kanın galeyanda olduğu bu dönemi nefsin arzu ve istekleri peşinde geçirerek ihtiyarlıkta ah vah edip inlemek de vardır.

Evet, sağlıklı ve zinde olarak yapılan ibadetin ve Allah yolundaki hizmetin değeri bir başka olduğu gibi zevki de çok ruhanîdir. Zorlanmadan yapılacak ibadetleri düşününce bile gençliğin ne büyük bir nimet olduğu ortadadır. Zira gönlünce ibadet yapmak gençlik devresinde mümkün olur. Bellerin büküldüğü, vücudun yıprandığı ihtiyarlık döneminde ise sosyal hayatta olduğu gibi ibadet hayatında da zorluklar baş gösterir.

Hayatın bu dilimini bir fırsat olarak değerlendirmesini bilenlerdir ki hayatı boyunca pek çok hayırlı işlere imza atmışlardır. Kuvvetin aşk ve şevke ayak uydurabildiği dönemlerde Allah yolunda nice işler yapılabilir. Olgunluk ve ihtiyarlık döneminde insanı meşgul eden çoluk çocukla uğraşma ve sağlık problemleri ile ilgilenme gibi o kadar çok meşguliyet vardır ki, bunlar bir bakıma Allah için koşturmaya mani olabilirler. O yüzden gençlik çağını ganimet bilmeli ve bu zaman dilimini en rantabl* ve verimli bir şekilde geçirmenin yollarını araştırmalıdır.

Fakirlik de bir çeşit yokluk olduğundan belki sadece sabredilir ama varlıklı olunan zamanlarda bu hal muhasebe edilmeli ve zenginliğin şükrü eda edilmelidir. Hastalık hali gelmeden sıhhatin değerini bilmek de bir çeşit hâle şükür demektir. İnsanların çoğunun değerini bilemediği hususlardan olan boş vaktin değeri ise genellikle meşguliyetlerin insanı işin içinden çıkılmaz hale getirdiği zamanlarda bilinir. En genel manada da bu hususların hepsini içine alan gerçek, ölüm gelip çatmadan önce hayatın değerini bilmek gerektiğidir.

Gençlik geçmeden ve vakit varken insanoğlunun iyi işler yapmakta acele etmesi gerekir. Zira Peygamberimiz bir hadiste

---

* Rantabl: Gelir getiren, kâr sağlayan, verimli.

şöyle buyurmuştur: "Yedi (engelleyici) şey(gelme)den önce iyi işler yapmakta acele ediniz. Yoksa gerçekten siz, unutturan fakirlik, azdıran zenginlik, (her şeyi) bozup perişan eden hastalık, saçma-sapan konuşturan ihtiyarlık, ansızın geliveren ölüm, gelmesi beklenen şeylerin en yerlisi Deccal, belası en müthiş ve en acı olan kıyametten başka bir şey mi beklediğinizi sanıyorsunuz?"[65]

Açıklamaya çalıştığımız konuya açıklık getiren bu hadiste de insanoğlunun başına gelmesi mümkün ve muhtemel olan yedi şey gelmeden önce tedbir almak gerektiği tavsiye edilmektedir. Bu yedi husus düşünüldüğünde tedbir alınması gereken çağın gençlik çağları olduğu açıktır. Zaten ihtiyarlamış bir insanın başına bu hadiste ifade edilen şeylerden birkaçı gelmiştir. Ama insanın daha hayattayken ve sebepler planında önünde yaşayacağı zamanlar varken tedbirini alması gerekmektedir. Evet, yaşarken insanın başına hiç düşünmediği veya daha ilerde geleceğini zannettiği şeyler aniden gelebilmektedir. O yüzden gençlik hayatı, insanın çok iyi değerlendirmesi gereken bir zaman dilimidir.

Elde fırsat varken, güçlü ve kuvvetli bir yapıyı sahipken bilinçli ve uyanık olmak, akıllı davranmak gerekmektedir. Hadiste sayılan yedi şey çok dikkat çekicidir: Birçok şey gibi haram-helal sınırlarını da unutturan fakirlik, sınır tanımaz bir azgınlığa sürükleyen zenginlik, hayatın normal akışını bozan ve duyguları alt üst eden hastalık, ileri-geri saçma-sapan konuşturan ihtiyarlık, ansızın gelen ölüm, en şerli ve tehlikeli kıyamet alameti olan Deccâl*, sıkıntısı ve acısı dayanılmaz kıyamet...

İnsan bazen istese de bir şey yapamaz. İş işten geçmeden önce bir şeyler yapmak, aile sorumluluğu üzerine binmeden hayır yolunda çokça koşturmak gerekir ki bunlar daha çok gençlik çağında mümkün olur. O yüzden evlenmeyi geciktiren insanlara

---

* Deccal: Kıyamet zamanı ortaya çıkacak olan çok yalancı ve zararlı biri.

rastlanır. Ayrıca hadiste anlatılan hususlar düşünülünce insanın kötülük yapması mümkün değildir.

Allah Resulü (sav), işini durmadan erteleyenlerin, bugünün işini yarına bırakanların, başka bir ifadeyle yarıncıların helak olduğunu bildirmiştir.

Müslüman canlı olmalı, her daim gayret içinde bulunmalıdır. "Sonra yaparım, daha yaşım kaç ki!" diyerek gençliğini heba edenlerimiz az değildir. Bu şekilde adeta kendimizi aldatmaktayız. Yapılacak o kadar çok iyilik ve hayır vardır ki, hep erteleyerek ömrümüzün sonunda tabii ki daha yaşayacağımıza garantimiz varsa onların hepsini yapmaya nasıl güç yetireceğiz ki?

Evet, faydalı işlere karşı tembel davranmamak ve sonunda da pişman olmamak için, hayır yolunda koşturmayı bir alışkanlık haline getirmek gerekir. Bu, hem fertlerin hem de bütün insanlığın kalkınmasının en önemli çaresidir.

Ahiret, dünyada kazanılır. İnsanlar dünyada ne ekmişlerse öte tarafta onu biçeceklerdir. Kıyamet gününde, herkes dünyada yaptıklarından hesaba çekilecektir.

Bir hadiste Efendimiz (sav) şöyle buyurur: "Allah, altmış yıl ömür verdiği kişinin mazeret gösterme imkânını ortadan kaldırmıştır."[66]

Evet, insanoğlu kusursuz değildir. Allah Teâlâ da insana bu kusurları telafi edecek ömür vermiş, tevbe kapısını açık bırakmıştır. Bir başka deyişle hayat boyunca insana hatalarından dönme imkânı verilmiştir. Buna rağmen altmış yıl yaşamış fakat ömrünü hatalarından tevbe etmeyerek ve Rabbinin rızası kazanma istikametinde çalışmayarak geçiren bir insanın artık öbür tarafta mesela Allah'a bir kere daha hayata döndürülmeyi isteme gibi mazeretler ileri sürmesi mümkün olmayacaktır.

Bu hadis bir tespit yapmasının yanında aslında gençlerin ihtiyarlık gelmeden tevbe kapılarına yönelmeleri, hatalardan arınmak için gençlik zamanlarını iyi değerlendirerek geçirmeleri gerektiğine de işaret etmektedir. Çünkü yapılan hataların, girilen günahların ve işlenen yanlışların telafisinin hepsini ihtiyarlık dönemine sıkıştırmak mümkün değildir. O halde yapılması gereken, hayatın gençlik ve olgunluk dönemlerini tevbe ve istiğfar kurnalarında geçirerek arınmaya bakmaktır.

Bununla beraber hadis gençlikte işlenen günahların ve girilen hataların hiç değilse yaşlılık dönemlerinde telafi edilmesi gerekliğini de anlatır. Ama ömür sermayesinin ne zaman sona ereceği belli olmadığından bu sermayeyi iyi kullanmak ve hayatın altın çağlarını iyi değerlendirmek gerekir.

Belki en çok hataya düşülen çağ gençlik yıllarıdır. Ama Efendimiz "Bir kötülükten sonra hemen bir iyilik işle!" buyurarak günahların hemen telafi edilmesini emretmektedir. Bu da hataların çokça işlendiği gençlik çağını ihya etmekle olur. Özellikle insanın kendini bilmesinin ilk yıllarında yapılan ihmallerin çok kötü neticeleri olmaktadır. Bin pişmanlık duyulan ne kadar çok hata vardır ki artık sahibi için zaman geçmiş olabilir. Öyleyse hata yapılsa da, günah işlenmiş olsa da hayatın en güzel zaman dilimleri olan gençliği, ileride mazeret sunamayacak şekilde heder etmemeli, boş vermişlikle geçirip bu çağı ihmal etmektense onu kurtarmanın yolları aranmalıdır.

Altmış yıl, her şeyi yerli yerine koymak için yeterli bir zaman aralığıdır. Ayrıca belirtmek gerekir ki bu hadis asla "Altmış yıl yaşamamış olanların ahirette mazeret ileri sürme hakları vardır" gibi bir manaya gelmez. Efendimiz, ümmetinin ortalama ömrünün altmış-yetmiş yıl arasında olduğunu belirtmiştir. Hadiste de bu zaman aralığının alt sınırı ifade edilmiştir.[67]

GÜZEL AHLAK SAHİBİ OLAN

Hz. Aişe (r.anha) anlatıyor: "Allah Resulü (sav) şöyle buyurdu: 'İmanca mü'minlerin en olgunu, ahlakı en güzel olan ve ailesine en yumuşak davranandır.'"68

İslam'ın insanlığa emir ve tavsiye buyurduğu her amel mutlaka cennet kokusu, yasaklayıp haram kıldığı her şey cehennem kokusunu yansıtır.

Resulullah (sav), insanı en çok cennete sokan amelden sorulduğunda şu cevabı vermiştir: "Allah'tan saygı ile korkmak ve güzel ahlak sahibi olmak." Yine kendisinden insanı en çok cehenneme sokan şeyden sorulduğunda ise şu cevabı vermiştir: "Ağız ve cinsel organ..."69

Bu iki haslet, hem insanı topluma kazandırıp faydalı bir düzeye getirir, hem de imanını kuvvetlendirip olgunlaştırır. Birincisi güzel ahlak, ikincisi çoluk çocuğuna ve ailesine karşı şefkatli ve merhametli davranmaktır.

Peygamber Efendimiz (sav) buyuruyor ki:

"Ahlakı güzel olan kimse için cennetin en yüksek yerinde bir evinin olacağına ben kefilim"70

İster kadın olsun, ister erkek olsun; bir Müslüman için "güzel ahlak"ın ölçüsü, Kur'an ahlakıdır. "Söz ve davranış olarak iyi yolda olup kötülüklerden uzaklaşmak" anlamında olan bu güzel ahlak, kadın veya erkek her Müslüman'ın vazgeçilmez özelliği olmalıdır. Bu da Müslüman'ın, kendisi için şaşmaz ölçüler olan Kur'an ve sünnete uymasıyla olur. Hz. Peygamber'in (sav) hayatı, Kur'ana uygun hayattır. Bunun için kendi huyunu ve ahlakını Hz. Peygamber'in (sav) yaşantısına uyduran herkes güzel ahlaka sahip olmuş olur. Çünkü Hz. Peygamber (sav), "Ben, peygamber olarak güzel ahlak prensiplerini tamamlamak üzere gönderildim"[71] buyurmuştur.

Kadın ya da erkek her Müslüman, kendi yaşantısını inancına göre düzenleyebilmesi için, önce inancını şekillendirecek olan Kur'an'ı ve Hz. Peygamber'in (sav) yaşantısını ve sünnetini bilmesi gerekir. Kur'an'ı ve Hz. Peygamber'in (sav) sünnetini bilmeyen kimse, hayatını neye göre şekillendireceğini de bilemez. O halde kadın erkek her Müslüman, kendine yetecek kadar Kur'an ve sünneti bilmek durumundadır.

Böylece Yüce Allah'a ve Hz. Peygamber'e (sav) gönülden bağlı olan kültürlü Müslüman genç, tüm yaşamını Yüce Allah'ın bildirdiği hükümlere göre düzenler ve Kur'an ahlakını yaşamak konusunda titizlik gösterir. Şayet Kur'an ahlakını yaşarken çevresindeki bazı insanlar tarafından kınanırsa, bu onun bu yöndeki arzusunu, iradesini ve isteğini daha da güçlendirir. Çünkü Yüce Allah'ın rızasını kazanmak, bir Müslüman genç için insanların beğenisini ve hoşnutluğunu kazanmaktan çok daha önemlidir. Zira insanı değerli kılan asıl şey, onun Yüce Allah katındaki konumudur. Bu da onun Kur'an ahlakına uygun yaşayıp yaşamamasına bağlıdır.

Hal böyle olunca; Müslüman genç, insanların ne dediğine ya da çoğunluğun kanaatine göre değil, Kur'an ahlakına göre bir kişilik geliştirir. Bu nedenle İslam dini, tüm insanlara olduğu gibi, ömrü boyunca Allah yolunda yaşayan gençlere hem dünya hayatında hem de ahirette gerçek anlamda onur, şeref ve saygınlık verir, ona üstün bir ahlak kazandırır.

İslam dininde ahlakı imandan ayırmak mümkün değildir. Zira Kur'an'ın bütün emirlerine uymak imanın gereğidir. Bu emirlere uymakla da en üstün ahlakî değerler kazanılmış olur. Bunun için Hz. Peygamber (sav), "Müminlerin iman açısından en mükemmel olanı, ahlakı en iyi olanıdır"[72] buyurmuştur.

Buna göre üstün ahlaka sahip olmayan kişi, iman açısından da arzu edilen seviyeye ulaşmış olamaz. Bu arada güzel ahlaklı bir Müslüman her zaman ve her yerde yalan, küfür, lanet okuma, alay etme, kibirlenme, kovuculuk yapma, dedikodu yapma, gösteriş, cimrilik ve kıskançlık gibi kötü duygu ve davranışlardan uzak kalması gerektiğini bilir. Bildiği ve uyguladığı bu özellikleri çevresine de öğretir. Çünkü Hz. Peygamber (sav), "İnsanoğluna verilen en değerli şey, güzel ahlaktır"[73] buyurmuştur.

İslam dini bütünüyle bir ahlak nizamıdır. Koyduğu kurallarla da genel bir ahlak disiplinidir. Bu nizama ve bu disipline uyan Müslüman ve özellikle Müslüman genç daima güzel ahlakla donanmalı, başkalarında beğenmediği tüm kötü huylardan kendisi uzaklaşmalı, kalp ve ruh temizliğinde doruk noktaya ulaşmalıdır. Çünkü ahlakta asıl olan yaşantıdır. Yaşantıya yansımayan her söylem, güzel de olsa hiçbir yarar sağlamadığı gibi, bildiği halde onu söyleyen kimseyi de sorumlu hâle düşürür. Çünkü bilindiği ve başkalarına söylendiği halde kişisel hayata geçirilmeyen söylemler, inanan insanı, Yüce Allah'ın "Sizin kendinizin yapmayacağınız şeyleri niçin (başkalarına) söylüyorsunuz?"[74] şeklindeki azarlamalarıyla karşı karşıya bırakır. Çünkü mü'min, bir şeyin faydalı olduğuna inanıyorsa, önce kendisi onu yaşamalı, ondan sonra başkalarına tavsiye etmelidir. Başkalarına tavsiye ettiği halde kendisi söylediklerini yapmayan kimse, kendi kendini zor duruma düşürmüş olur.

Hz. Peygamber'in (sav) güzel ahlakla ilgili olarak Müslüman bir hanıma tavsiye ettiği diğer bir özellik de, hanımın, fazla konuşmaktan sakınması ve yerine göre susmasını bilmesidir. Nitekim şöyle buyurmuştur: "Susmasını bilen, kurtulur."[75]

Bu hadis-i şeriften anlıyoruz ki, güzel ahlak ile bağdaşmayan dedikodu, bozgunculuk, iftira, yalan ya da yalan yere yemin etmek gibi kötü huylardan dili kurtarıp susmasını bilmemek, yani genel olarak dile hâkim olmamak, dünya ve ahirette felaketlere sürüklenmenin en önemli sebebidir. Bunun için Hz. Peygamber (sav), bir sohbet sırasında Hz. Muâz'a (ra) "Ey Muâz! Bil ki, yüzlerini (ya da burunlarını) yere sürterek insanları cehenneme sürükleyen şey, dillerinin ürününden başkası değildir"[76] buyurmuştur. Yani insanlar, kendilerini yakından ilgilendirmediği halde durumdan vazife çıkararak, kendi dilleriyle konuşup harama düştükleri sakıncalı şeyler yüzünden, ahirette yüzüstü veya burunları üzerine sürünerek cehenneme götürüleceklerdir.

Diğer bir hadis-i şerifte ise Hz. Peygamber (sav), genel olarak konuşulacağı zaman, konuşulacak şeyin iyi düşünülüp konuşulması gerektiğim tavsiye etmiş ve genel bir kural olarak, "Ya hayırlı, faydalı şey konuş ya da sus"[77] öğüdünü vermiştir.

Sonuç olarak sevgili genç kardeşim! Müslüman bir genç olarak sen, bütün işlerinde sorumluluklarının bilincinde olmalısın. Dünya ve ahiret hayatına ait hayallerin, ideallerin ve düşüncelerin, hep bu sorumluluğun sınırlan içinde olmalıdır. Çünkü engin ideallerinle sen, basit tavırlara, küçük çıkarlara tenezzül etmeyen bir karaktere sahip olmalısın.

Birer çirkin ahlak olarak nitelenen kıskançlık, dedikodu yapmak, alaycılık, kapris, ikiyüzlülük ve benzeri tavırların, bir Müslüman olarak seni küçük düşüreceğini, asaletten uzaklaştıracağını ve kişiliğini zedeleyeceğini bilmelisin. Sakın dünya ve ahirette seni sorumlu yapacak bu ve benzeri tavırlara ve huylara tenezzül etme.

Her türlü görüntün ve davranışınla Müslüman bir genç olma kararlılığını göster. Her zaman olgun ve vakarlı bir kişilik sergile.

Mesela; bir kimsenin bir kusurunu gördüğün zaman, bunu asla alay konusu yapma, aksine en güzel şekilde telafi etmeye çalış.

Sende bulunmayan bir üstünlüğü başkasında gördüğün zaman buna karşı kıskançlık duymak yerine, onu güzel bir dille takdir et.

Bazı kimseler, sana basit tavırlarla yaklaşsalar bile sen, yine de kendi asil ve olgun duruşundan ödün verme.

İnsanların ne dediğine, ne yaptığına değil, bir Müslüman olarak senin nasıl olman gerektiğine bak.

Toplumda tek başına kalsan bile çoğunluğun görüşüne uymayarak kendi şaşmaz ölçülerine göre yaşa.

İnsanların değil, Allah'ın rızası sana yeter. Çünkü sen, Müslüman bir gençsin.[78]

Genç kardeşim! En güzel ahlak ile ahlaklanmaya çalış. Onu kendine süs edin. Seven ve sevilenlerden olmak için kötü huylardan kaçın.

Güzel ahlak, peygamberler mesleği, meleklerin meşrebi,* Allah'ın (cc) çok sevdiği hasletlerden* biridir. Sevabı büyük, ecri sonsuzdur. Artık kim dünyada ve ahirette huzur içinde mutlu olmak istiyorsa ve ilahî rızaya erişmenin sonsuz saadetini tatmak istiyorsa, sağlam bir imanla birlikte güzel ahlak sahibi olmaya baksın.

Genç kardeşim, duan hep şu şekilde olsun:

"Allah'ım! Şeklimizi güzel yarattığın gibi, ahlakımızı da güzelleştir. Sevdiğin kulların zümresine hepimizi ilhak eyle!"

---

* Meşreb: Yaratılışta olan nitelik, gidiş, yol.
* Haslet: Huy.

İFFET VE HAYÂ SAHİBİ OLAN

Ebu Hüreyre (ra) anlatıyor.
"Günlerden bir gün Allah'ın Resulü (sav) şöyle öğüt verdi:
— Allah'tan (cc) gereği şekilde hayâ ediniz, utanınız.
Bu öğüde muhatap olan sahabiler şöyle dediler:
— Ey Allah'ın Peygamberi! Biz Allah'tan (cc) utanıyoruz. Bizi bu hususta başarılı kıldığı için de O'na hamdolsun.
Onların bu karşılığı üzerine Allah'ın Resulü (sav) şu açıklamalarda bulundu:
— Gerçek utanma sizin avret yerlerinizi açığa vurmamak şeklinde anladığınız utanma değildir. Allah'tan (cc) gereği şekilde utanan kişi başının ve başının kapsadığı dil, göz ve kulak gibi organları, bu organlarla yapılabilecek haramlardan korusun.
Karnını (doğrudan veya dolaylı olarak) karınla ilgili; kalp, cinsel uzuv, eller ve ayakları gibi organları da günahlara bulaşmaktan muhafaza etsin.
Ölümü ve kabirde vücudunun toprağa karışacağını düşünüp hatırlasın. İyice bilin ki ahiret saadetini arzulayan kişi dünyanın güzelliklerine yürekten ilgi duymaz. Evet, kim böyle yaparsa Allah'tan (cc) gereği şekilde utanmış olur."[79]

Efendimiz (sav) kişide İslami bir şahsiyet oluşması için hayâlı olmak gereğini duyurmakta ve gerçek hayâyı, utanmayı bizlere açıklamaktadır.

Allah'ın Resulü (sav) sahabilere sordu:
— Her biriniz cennete girmeyi arzu eder misiniz? Onlar da:
— Evet, elbette arzu ederiz ya Resulallah, cevabını verince şöyle buyurdu:
— O halde uzun amellere dalmayın. Ölümünüzü gözlerinizin önüne getirip nefsinizi kabir sakinlerinden sayın. Bir de Allah'tan gereği şekilde hayâ edin.

Hz. Peygamber (sav) buyuruyor ki:
"Allah, bir kulunu helak etmek isterse, onu hayâ duygusundan mahrum bırakır."[80]

İffet; daha çok, cinsel duyguları dinin helal ve haram çerçevesinde dengeli biçimde korumaktır. Dilimizde iffet sahibi olan kimse, namuslu, şerefli ve ahlaklı olarak anılır.

Hz. Peygamber (sav), iffet, hayâ gibi ahlakî özelliklerde dengenin daima korunmasını teşvik etmiş, her türlü aşırılıktan insanları sakındırmış, kıyametin kopacağına yakın son zamanlarda iffet kavramının zayıflayacağı ya da yok olacağı tehlikesini haber vermiş ve "İffetsizlik ve hayâsızlık açıktan yapılmaya başlanmadıkça kıyamet kopmaz"[81] buyurmuştur.

Aile hayatının sağlıklı ve huzurlu bir şekilde varlığını sürdürebilmesi için, iffetin kesinlikle korunması gerekir. Çünkü iffeti korumayan ailenin, mutlu bir aile olması mümkün değildir. Nitekim eşlerin veya eşlerden birisinin iffetini koruyamaması halinde aile yuvası yıkılmaya mahkûm, çürük bir bina gibi derin bir yara almış olur.

Bu nedenle Hz. Peygamber (sav), iffetin korunmasına büyük önem vererek herkesin bu konuda hassas davranmasını istemiş, hem kendisinin özel uygulamalarıyla hem de sözlü uyarılarıyla iffetin korunması için gerekli prensipleri ortaya koymuştur. Yüce Allah da, Müslüman ailenin sağlığı için, hem kadınların ve hem de erkeklerin iffeti korumaları gerektiğini ifade ederek "İffetlerini koruyan erkek ve kadınlara Allah, bir mağfiret (bağışlanma) ve büyük bir mükâfat hazırlamıştır"[82] buyurmuştur.

Hz. Peygamber (sav) de; "Allah'ım, senden iffet, hidayet takva ve gönül zenginliği dilerim"[83] şeklinde dua etmiştir.

İffetin korunması için en başta hayâ sahibi olmak gerekir. Hayâsızlığın yaygınlaştığı bir ortamda iffeti koruyabilmek çok zor olur. Bu yüzden hayâ duygusuna sahip olmak, İslam'ın temel esaslarından biri olarak kabul edilmiştir. Nitekim Hz. Peygamber (sav) "Geçmiş peygamberlerin sözlerinden insanlara ulaşan haberlerden biri de, 'Utanmazsan dilediğini yap' sözüdür"[84] buyurmuştur.

İffet ve hayânın hâkim olduğu bir aile ortamında huzur ve ardından mutluluk olur. İffetten ve hayâdan uzak olan aile ortamlarında ise huzurdan ve mutluluktan söz edilemez. Böyle ortamlarda her zaman çirkinliklerle karşılaşmak mümkündür.

Hayâ; genel anlamıyla ar, edep, utanma duygusu, nefsin çirkin davranışlardan rahatsız olup onları terk etmesi, hoş ve güzel olmayan bir olayın ortaya çıkmasından duyulan ıstırap anlamlarına gelir.

Bu duygu, elbette ki her insan için gereklidir. Fakat bir Müslüman için, hele mutlu bir aile yuvası kurmak isteyen Müslüman bir hanım ve erkek için çok daha önemlidir Nitekim Hz. Peygamber'in (sav);

"Hayâ bütünüyle hayırdır,"[85]

"Hayâ sadece iyilik getirir,"[86]

"Hayâ imandandır,"[87]

"Hayâ, imandan bir şubedir"[88] ya da

"Her dinin kendine has bir ahlakı vardır. İslam dininin ahlakı da hayâdır"[89] şeklindeki hadis-i şerifleri, hayânın ve iffetin ne denli önemli olduğunu açıkça göstermektedir.

İffet ve hayâ, insana şeref ve haysiyet kazandıran birer özelliktir. İffet ve ona bağlı olarak hayâ bir insandan giderse, onda hayır kalmaz.

Bunun için Müslüman kadın ve erkek hem iffet hem de hayâ sahibi olmalıdır. Hz. Peygamber'in (sav) buyurduğu gibi: "Allah da hayâ sahibidir, hayâyı sever."⁹⁰

İffeti olmayanın hayâsı da olmaz. Ancak hayâ, Müslüman'ın, dinini ve dininin emirlerini öğrenmesinin önünde bir engel olmamalıdır. Bunun için Müslüman kadın, yüce Allah'ın emirlerini öğrenme ve dinini yaşama konusunda hayâ etmeye gerek olmadığını da bilmelidir. Her türlü yaşantısında ve sözlerinde Hz. Peygamber'den (sav) bir ayna gibi Müslüman hanımların hayatına yansıyan Hz. Âişe (r.anha) de aynı şeyi vurgulamıştır. Nitekim Hz. Âişe'den (r.anha) gelen bir rivayete göre: "Hayâ, Hz. Peygamber döneminde yaşayan Müslüman kadınların, dinî konuları öğrenmelerine engel olmamıştır."⁹¹

Buna göre, Müslüman kadın, dinini öğrenmek için her türlü soruyu sorabilmelidir. Hal böyle olunca, Müslüman kadın, bulunduğu bölgede dinî kuralları ve ibadetleri kendisine öğretebilecek bir kadın bulunmadığı takdirde; İslam adabına uygun bir kıyafetle ve tavırla Müslüman fıkıh âlimlerinden de zorunlu dinî bilgileri öğrenebilir.

Sevgili genç kardeşlerim! Bir Müslüman kadın ve erkeğin en önemli özelliği, iffetli olmasıdır. Sakın İslam'ın sana yakıştırdığı bu özelliğinden kendini mahrum etme.

İffetin en belirgin aracı olan cinsel duygularını, İslam dininin helal ve haram çerçevesi içinde dengeleyerek korumaya ve haramdan kaçınmaya çalış.

Allah'ın ve bütün Müslümanların hoşlanmadığı her türlü kötü huydan arınmak anlamındaki hayâ duygusu ile bezenerek, nefsin kötü davranışlarından kendini temizle.

Hayâ ve iffet kavramlarını koruyarak kendine ve aile fertlerine yetecek dinî bilgilerini öğrenmeye gayret et. Çünkü bilgi olmadan normal mutlu hayat da olmaz.⁹²

BÜYÜK GÜNAHLARDAN KAÇINAN

Ebu Hureyre'den (ra) rivayet edildiğine göre, Resulullah (sav) şöyle buyurdu:

"Helak edici olan yedi şeyden kaçınınız: Allah'a şirk koşmak, sihir yapmak, haklı bir sebep olmaksızın Allah'ın haram kıldığı bir cana kıymak, faiz yemek, yetim malı yemek, düşmana saldırı gününde kaçmak, zina yapmak ve hiçbir şeyden haberi olmayan Müslüman kadınlara zina iftirasında bulunmak."[93]

Allah'a şirk koşmak bağışlanmayan tek ve en büyük günahtır. Kişiyi kâfirlerden ve ebedî cehennemliklerden kılan en büyük günah da odur. Bütün hayırlı amelleri de gideren bu en büyük günah, Allah'ın varlığına ve birliğine inanmamanın dışında bir kâfirlik şeklidir.

Sahabilerden Şeddad bin Evs (ra) bir topluluk arasındayken ağladı. Biri tarafından soruldu:

"Seni ağlatan nedir ya Şeddad?"

"Resulullah'tan (sav) dinlediğim bir sözü hatırlamam beni ağlattı. Evet, Allah'ın Resulü'nün (sav) şöyle buyurduğunu bizzat dinledim:

— Ümmetim için şirkten ve gizli şehvetten çok korkuyorum.

Ben de,

— Ya Resulallah! Sizden sonra ümmetiniz şirk mi koşacak ki, onlar için korkuyorsunuz, dedim.

Şu açıklamalarda bulundu:

— Evet, şirk koşacaklar. Ancak onlar güneşe, aya, taşa ve puta tapmayacaklar. Fakat amelleri ile insanların beğenisini kazanmaya çalışarak, Allah'ı yücelttikleri gibi insanları da yüceltip putlaştırarak şirk koşacaklar.

Sözünü ettiğim ve çok korktuğum "gizli şehvet"e gelince... Kişi sabahleyin oruçlu olarak kalkacak, fakat arzularından biri ona arız olup galebe çalacak. O da orucunu bozacak."[94]

Baştaki hadis-i şerifte helak eden yedi günah sayılıyor. Sayının burada yedi ile sınırlanması, kişiyi helak eden sadece yedi günahın olduğu anlamına gelmez; aksine bu yedi günah, en büyük günahlardan olduğu için zikredilmiştir. Anne-babaya itaatsizliğin de, hadiste anılmamasına rağmen en büyük günahlardan olduğu rivayet edilmektedir.

İbn Abbas'a (ra) helak eden günahların sayısı hakkında, "Helake neden olan sadece yedi günah mıdır?" diye sorulduğunda, şöyle dedi: "Yediden yetmişe kadardır."

Tabii ki, büyük günahların birçoğu, farzları yerine getirmemektir. Dolayısıyla namaz farzdır, namazın terki büyük günahtır. Zekât farzdır, zekâtın terki büyük günahtır. Oruç farzdır, orucun terki büyük günahtır. Kadının örtünmesi farzdır, terk edilmesi büyük günahtır vs.

Burada anılan büyük günahlardan biri de, haksız yere bir kimseyi öldürmektir. Çünkü canın dokunulmazlığı önemlidir. Allah Teâlâ şöyle buyurur: "Kim bir mü'mini kasten öldürürse cezası, içinde ebediyen kalacağı cehennemdir. Allah ona gazap etmiş, onu lanetlemiş ve onun için büyük bir azap hazırlamıştır."[95] Birden fazla kimsenin bu suça ortak olması, günahı azaltmaz; yani onlardan her biri katildir, hepsi aynı cezayı hak eder.

Resulullah (sav), haksız yere bir kimseyi öldürme ve ona düşmanlık etme konusunda Müslümanları uyarır ve şöyle buyurur: "Kim haksız bir mücadeleye (ve davaya ya da zulme) yardım ederse, (bundan tevbe edip) vazgeçinceye kadar Allah'ın gazabı altındadır."[96]

Öldürme, can konusunda zulümdür. Mallar konusundaki zulme gelince, faiz bunlardan biridir. Allah, birçok ayette faizin alınıp verilmesine karşı sert uyarılarda bulunur: "Şayet (faiz hakkında söylenenleri) yapmazsanız, Allah ve Resulü tarafından (faizcilere karşı) açılan savaştan haberiniz olsun."[97] Resulullah (sav), faiz yiyen, yediren, faizi hesaplayıp yazan ve şahit olan kimseyi tehdit eder.[98] Faizin azına da izin verilmemiştir. Verilen borçtan elde edilen her fayda faizdir ve faizin hepsi de haramdır. Resulullah (sav) şöyle buyurur: "Faiz, yetmiş çeşit günahtır. Bunların en hafifi, erkeğin kendi annesiyle zina etmesi gibidir."[99]

Yetim malı yemek, zulmün en çirkin türlerinden biridir. Allah Teâlâ şöyle buyurur: "Haksızlıkla yetimlerin mallarını yiyenler şüphesiz karınlarına ancak ateş tıkınmış olurlar; zaten onlar alevlenmiş ateşe gireceklerdir."[100] Yetim, hasta, dul, ihtiyar ve güçsüz kimseler gibi bütün zayıf kimselere iyilikte bulunmak, erdemdir. Dinin kuralları bunu emreder. Ancak Allah'ın dilemesi bunun daha da üstündedir; O, her Müslüman'a güzel bir şekilde davranılmasını emreder. İyilik yapmak, Allah'a imandan, Allah'tan sevap ummaktan ve O'nun cezasından korkmaktan kaynaklanır.

Savaş sırasında kaçmaya gelince, bu bütün ümmete karşı işlenmiş bir suçtur. Çünkü bireyin kaçışı, bir askerin öldürülmesi konusunda bazen bir neden oluşturur. Bu, diğer bireylerin kalbine korku girmesine sebep olur. Böylece savaşın kaybedilmesine, daha fazla kan dökülmesine, haramların mubah kabul edilmesine vs. yol açar. Bazı anayasaların savaştan kaçan kimseye karşı idam kararını vermesi, faydasız bir çabadır. Çünkü kaçan kimse, gerçekleşecek ani bir ölümle daha sonra meydana gelmesi muhtemel bir ölüm arasında tercihte bulunup kaçabilir. Ancak eğer savaşa Allah yolunda çarpışmak için katılmışsa, bu kaçışın ardında kıyamet günü acı veren bir azap olduğundan, bu azabın başına geleceğinden emin olur; böylece sebat etmeyi seçer.

Allah Teâlâ şöyle buyurur: "Kim öyle bir günde onlara arka çevirirse muhakkak ki o, Allah'ın gazabını hak etmiş olarak döner. Onun yeri de cehennemdir. Orası, varılacak ne kötü yerdir!"[101] Allah Teâlâ, Müslümanların, sayılarının düşman sayısı karşısında azalması karşısında geri çekilmelerine ruhsat vermiştir. Ancak şu anda modern silahlarda olduğu gibi, özellikle anormal bir farkın ortaya çıkması ve hazırlıklı savaşçıların sayısının farklılığında diğer şartlara da uyulması gerekir.

İffetli bir kadına iftirada bulunmak, büyük toplumsal suçlardan biridir. Çünkü bu fiil, Müslümanlar arasında kötülüğün yayılmasına, hayânın toplumdan sıyrılıp yok olmasına, kin ve intikamın nesilden nesile geçmesine, belki de cinayet suçlarının işlenmesine neden olur. Allah Teâlâ şöyle buyurur: "Namuslu, kötülüklerden habersiz mü'min kadınlara zina isnadında bulunanlar, dünya ve ahirette lanetlenmişlerdir. Yapmış olduklarına, dilleri, elleri ve ayaklarının, aleyhlerinde şahitlik edeceği gün onlar için çok büyük bir azap vardır."[102]

İnsanların akıllarını küçümsemek, Allah'ın kudretine dikkat etmeden tabiata etki eden gizli güçlerin varlığıyla batıl bir şeyin var olduğunu iddia etmek ise sihirdir. Şu anda "ruh çağırma" diye isimlendirilen yaygın olay, sihirdir. Bu aslında herhangi ölmüş bir ruhu çağırmak değildir; sadece bir cinin diğer bir cinin vasıtasıyla ulaşabileceği bilgilere ulaşmak için iletişim kurmaktır. Bu oturumlardan bazılarının bir takım doğrular içermesi, şüphesiz her insanın kendisine yakın olan bir cinle birlikte olduğu gerçeğine dayanır.

Allah şöyle buyurur: "Biz onlara birtakım arkadaşlar musallat ettik de onlar önlerinde ve arkalarında ne varsa hepsini bunlara süslü gösterdiler."[103] Bu yakın arkadaş, ölmüş olan kimseyle birlikte yaşardı. Belki de ölen bu kimse hakkında kimi doğruları bilmekte ve bunu insanoğluna aktarmaktadır. Onlar da onu doğrulamakta, onun anlattığı doğru ve yanlış her şeyi onaylamaktadırlar. Cinler arasında da, insanlar arasında olduğu gibi inkârcılar vardır. Onların haber verdiği şeyi doğrulayan kimseler, onların ölülerle konuştuklarını zanneder, herhangi bir hesap ya da azabın varlığını reddederler. Böylece kişinin inancını sarsar ve onu inkârcılığa götürürler.[104] Bunun için Resulullah (sav), sihirbazlara gitmeyi ve onları onaylamayı şiddetli şekilde yasaklar ve şöyle buyurur: "Her kim bir sihirbaza ya da kâhine gider, onun söylediklerini doğrularsa, Muhammed'e (sav) indirileni inkâr etmiş olur."[105]

Genç kardeşim, bu helak edici yedi büyük günahla nefsini kirletme. Aksi takdirde Allah'ın (cc) ve bütün insanların gazabına uğrarsın, nefsini dünya ve ahirette en şiddetli azaba maruz bırakırsın. Nefsini daima temiz tut, kötülüklerle hiçbir zaman onu kirletme.

ŞÜPHELİ ŞEYLERDEN SAKINAN

Hz. Ebubekir'in elinden iş gelen bir hizmetçisi vardı. Bir gün, bu hizmetçi kazandıklarıyla bazı yiyecekler aldı ve Hz. Ebubekir'e ikram etti. Hz. Ebubekir (ra) bunlardan birkaç lokma almıştı ki hizmetçisine bunları nasıl kazandığını sordu. Hizmetçi de kazancın kaynağını şöyle açıkladı:

— Falcılıktan anlamadığım halde, Cahiliye devrinde birine falcılık yaparak adamı kandırmıştım. Bugün onunla karşılaştım. Adam o yaptığım işe karşılık, bana işte bu yediğin yiyecekleri verdi.

Bunun üzerine Hz. Ebubekir (ra) hizmetçisine:

— Yazıklar olsun sana. Az kalsın beni helake sürüklüyordun, dedi ve ağzındakileri hemen çıkarıp attı.[106]

Hz. Ebubekir midesine haram lokma koymayan bir insandı. O, helal ve harama son derece dikkat ettiği için yedikleri konusunda bu kadar hassastı. Çünkü hizmetçisi, Cahiliye döneminde olsa bile hem İslam'ın yasakladığı falcılığı yapmış hem de adamı kandırmış ve haksız kazanç elde etmişti.

Helaller ve haramlar kulluk hayatımızın sınırlarını belirleyen hükümlerdir. Peygamberimiz (sav) bir hadislerinde bu hususu şöyle açıklar: "Helal olan şeyler belli, haram olan şeyler bellidir. Bu ikisinin arasında, halkın birçoğunun helal mi, haram mı olduğunu bilmediği şüpheli konular vardır. Şüpheli konulardan sakınanlar dinini ve ırzını korumuş olur. Şüpheli konulardan sakınmayanlar ise gitgide harama dalar. Tıpkı sürüsünü başkasına ait bir arazinin etrafında otlatan çoban gibi ki, sürünün bu araziye girme tehlikesi vardır. Dikkat edin! Her padişahın girilmesi yasak bir arazisi vardır. Unutmayın ki, Allah'ın yasak arazisi de haram kıldığı şeylerdir. Şunu iyi bilin ki, insan vücudunda küçük bir et parçası vardır. Eğer bu et parçası iyi olursa, bütün vücut iyi olur. Eğer o bozulursa, bütün vücut bozulur. İşte bu et parçası kalptir."[107]

Allah Teâlâ Kur'an-ı Kerim'de haram ve helalleri belirtmiştir, örneğin içki içmek, zina yapmak haramdır. Aynı şekilde helal olan şeyler de bellidir. Helal olan bir şeyi haram, haram olan bir şeyi de helal saymak, sınırı aşmak ve Allah'a karşı yalan uydurmaktır.[108] Nahl Suresi'nde bu durum şöyle açıklanır: "Artık, Allah'ın size verdiği rızıktan helal ve temiz olarak yiyin, eğer (gerçekten) yalnız Allah'a ibadet ediyorsanız, onun nimetine şükredin. (Allah) size, sadece ölü hayvanı, kanı, domuz etini ve Allah'tan başkası adına kesilen hayvanı haram kıldı. Ancak kim mecbur kalırsa (başkalarının haklarına) saldırmaksızın, sınırı da aşmadan (bunlardan yiyebilir). Çünkü Allah çok bağışlayan, pek esirgeyendir. Dillerinizin uydurduğu yalana dayanarak 'Bu helaldir, şu da haramdır' demeyin, çünkü Allah'a karşı yalan uydurmuş oluyorsunuz. Kuşkusuz Allah'a karşı yalan uyduranlar kurtuluşa eremezler."[109]

Hayatımızın temel gayesi Allah'a kulluktur. Bu nedenle hakiki bir kulluğun yolu helalleri yapmak ve haramlardan uzak durmaktır. Yediğimiz, içtiğimiz, kazandığımız ve yaptığımız her şeyde helal-haram ölçüsüne uymak bize Allah'ın rızasını kazandıracaktır.

İslam âlimlerimizden İmam Azam Ebu Hanife (ra) ilmin yanısıra ticaretle de meşgul olmaktaydı. Ancak ticarî işlerini ortağı yürütmekteydi, işlerinde helal-haram ölçüsüne azami oranda uymaya çalışır ve bu konuda ortağını sürekli uyarırdı. Bir gün yine ortağına bir kumaşı satması için vermişti. Verirken de:

— Bu kumaşta şu şu özürler var. Onun için satarken bunları müşteriye söyle ve şu kadar ucuza sat, dedi.

Ortağı, kumaşı belirtilen fiyata satmış ancak maldaki özürleri müşteriye söylemeyi unutmuştu. Durumu öğrenen İmam Azam, ortağına kumaşı sattığı kişiyi tanıyıp tanımadığım sordu. O da:

— Hayır, onu tanımıyorum, dedi.

Bunun üzerine İmam Azam Ebu Hanife o satıştan elde ettiği otuz bin dirhemlik kazancın tamamını ihtiyaç sahiplerine sadaka olarak dağıttı ve ortağından ayrıldı.[110]

Helal ve haram arasında bulunanlar ise şüpheyle bakılması gereken durumlardır. Peygamberimiz birçok hadisinde insanların çoğunun bilemeyeceği bu şüpheli şeylerden "harama düşerim" korkusuyla kaçınmayı takva sahibi olmanın şartı olarak saymıştır. Nitekim Resulullah (sav) şöyle buyurmuştur:

"Bir kul günaha girerim korkusuyla, yapılması sakıncalı olmayan bazı şeylerden bile uzak durmadıkça, müttakiler* derecesine erişemez."[111] Bunun sebebi ise bir başka hadiste şöyle belirtilir: "Her kim günah olduğu şüpheli olan şeyleri terk ederse, açıkça günah olduğu bilinen şeyleri daha çok terk eder. Her kim de günah olduğu şüpheli olan şeylere cüretkâr olursa haram olduğu açık olan şeylere düşme ihtimali daha çoktur."[112]

Müttakî, Allah'a (cc) en üstün saygı duyan, emirlerini yapıp yasaklarından sakınan ve O'nu gücendirmekten korkan kimse demektir. Kulun bu haline takva denir. Bir kulun ulaşması arzu edilen üstün derecesi budur.

Bu dereceye gelebilmek için, Peygamber Efendimizin (sav) belirttiğine göre, haramlardan ve haram olup olmadığı kesinlikle bilinmeyen şüpheli konulardan uzak durmak gerekir.

Demek ki Allah'a (cc) en üstün saygı duyanlar derecesine çı-

---

* Müttaki: Günah ve haramdan sakınan.

kabilmek için acaba bunu yapsam mı, yapmasam mı diye insanı tereddüde düşüren ve kalbi rahatsız eden bazı davranışlardan uzak durmak gerekir. Bu titizliği gösterenler gerçek müttaki olurlar. Böyle bir hesabı bulunmayanlar da takvaya hiçbir zaman erişemezler.

Bir Müslüman'ın hedefi, müttaki olabilmektir. Diğer bir ifadeyle Allah'a (cc) üstün saygı duyanlar ve O'nu gücendirmekten sakınanlar seviyesine ulaşmak, dünyaya veda edip giderken, Allah Teâlâ'nın rızasını kazanmış olur.

Bu hedefe varabilmek için, acaba bilerek veya bilmeyerek bir günah işler de Allah (cc) katındaki yerini kaybeder miyim, diye dikkatli ve titiz, sakıncalı görünmeyen bazı davranışlardan bile günaha girme endişesiyle uzak durmalıdır.

Şüpheli şeylerden sakındığımız zaman harama düşmekten korunmuş oluruz. Şüpheli şeyleri âdet haline getirip onları devamlı yaparsak haramlara kolaylıkla düşeriz. Elbette her şüpheli olan husus dinimizde haram sayılmaz. Ancak vesveseye düşmememiz için de şüpheli şeylerden kaçınmamız gerekir. Böyle bir tavır Peygamberimizin sünnetine daha uygundur. Zira Resul-i Ekrem Efendimiz şöyle buyurur "...Sana şüpheli gelen şeyi bırak, şüphesiz olana bak. Çünkü doğruluk gönül rahatlığıdır, yalancılık ise kuşkudan ibarettir."[113]

Peygamberimiz (sav), yukarıdaki hadis-i şerifte haram olduğu apaçık olan şeyleri yasak bir araziye, haram mı, yoksa helal mi olduğu şüpheli olan şeyleri de yasak arazinin etrafına benzetmiştir. Yine Efendimiz (sav), şüpheli olan şeyleri yapan kişiyi, yasak arazinin etrafında hayvan otlatan çobana benzetmiş ve bu çobanın hayvanlarının her an yasak araziye girmesi muhtemel olduğu gibi, şüpheli şeyleri yapanların da her an günaha dalma ihtimallerinin olduğunu bildirmiştir. Haramlar Allah'ın koymuş olduğu sınırlardır. Yüce Allah, "...Kim Allah'ın sınırlarını aşarsa şüphesiz kendine zulmetmiş olur"[114] buyurmaktadır.

Burada Peygamberimiz haramdan kaçınmanın ve şüpheli

şeylere karşı uyanık olmanın kişinin kalbi ve niyetiyle ilgisine dikkat çekmektedir. Bu nedenle haramı terk etmenin ve şüpheli şeylerden kaçınmanın da niyet ve kalple ilgili bir yönünün olduğunu söyleyebiliriz. Zira kişinin haramı terk etmesi kalbin ve niyetin durumuna bağlıdır. Bu sebeple Peygamberimiz (sav) "Şunu bilin ki, vücutta bir et parçası vardır. O düzelirse tüm vücut düzelir. O bozulursa vücudun tümü bozulur. Şunu bilin ki, o kalptir" buyurmuştur. Peygamberimiz, yiyecek ve içecekler konusunda haram ve helali gözetmemenin insanın kalbini maddî ve manevî olarak etkilediğine dikkat çekmiştir. Kalbin en büyük hastalığı ise Allah'ı unutmak, onun haram kıldığını helal, helal kıldığını da haram saymaktır.

Bilerek haram işlemek, haramlarda ısrar etmek günahtır. Haram ve helal konularında duyarlı olmak, bizi yaratan, Allah'a olan imanımızı kuvvetlendirir ve zinde tutar. Buna karşılık helale, harama dikkat etmeden yaşanan bir hayat, fıtratın sağladığı iyiye yönelme eğilimlerini köreltir. Kötü ve zararlı eğilimlerin önünü açar; insanı çoğu zaman anlayamadığı bir huzursuzluğa ve mutsuzluğa sürükler.[115]

Sevgili genç kardeşim! Efendimiz (sav) açıklamıştır ki, haram olup olmadığı belli olmayan şüpheli bir şeyden korunan kimse, haramlığı aşikâr olan şeyden daha çok korunur. Kendinde şüpheli şeylere dalma cüreti bulunan kimsenin, apaçık harama dalması her an beklenir. Böyle olunca şüpheli şeyler haramların koruyucularıdır. Her kim bu koruyucuları aşarsa, haram çukuruna yuvarlanmış olur. Her kim bunlardan uzak durursa, harama düşmekten de uzak kalır.

Sadece günahlardan değil, günah olması ihtimali bulunan davranışlardan bile uzak durmalıyız. Gerçek müttaki olabilmek için, yapılması sakıncalı olmayan bazı davranışları, beni günaha götürebilir endişesiyle yapmamalıyız.

AĞZINA VE APIŞ ARASINA SAHİP OLAN

Sahl b. Sa'd'dan (ra) rivayetle Efendimiz (sav) şöyle buyurdular:

"Kim bana, iki çene ve apış arası mevzunda söz verir, kefil olursa, ben de ona cennet için kefil olurum."[116]

Resulullah Efendimiz (sav) insanı günahtan günaha, sıkıntıya ve felakete sokan iki organa dikkatleri çekmiş. Dil, aklın ve imanın değil, nefsin emrinde bulunursa, çoğu zaman kırıcı, incitici, bozucu, darıltıcı ve fitne çıkarıcı olur. Cinsel organ da nefsin ve İblis'in buyruğu altına girerse, sahibi için büyük felaketlere sebep olur.

O halde bu iki önemli organı, aklın ve imanın buyruğu altına vermemiz farzdır. Bunun için de Peygamberimiz (sav) sünnetiyle, Kur'an'ın hayat veren tavsiyeleriyle yaşamamız şarttır. Bu hadis-i şerif, iki çene arasındaki dili ve apış arasını muhafaza etmek gerektiğini, bu iki hususta garanti verene Allah Resulü'nün de cennete girme hususunda kefil olacağını anlatmaktadır.

Evet, insanın ağzı, değer ve kıymeti ölçülemeyecek kadar büyük bir uzuv olmasına rağmen, kötüye kullanıldığı takdirde, insanı felakete götüren en zararlı bir alet hâline gelebilir ve onu mahveder. İnsan onunla Cenab-ı Hakk'ı tesbih eder, iyiliği emreder, kötülükler sakındırır, kâinat kitabını ve onun ezelî tercümesi olan Kur'an'ı tilavet eder ve başkalarına anlatır. Bazen, inanmayan bir insanı, ifade vasıtasıyla imana getirir. İnsan, ağzıyla en üst derecelere erişebilir. Ancak aynı ağız, insanı felakete de sürükleyebilir. Ağız, küfre vasıta olabileceği gibi yalan, gıybet, iftira da hep ağızla yapılır. İşte Allah Resulü, "Ağzı meşru dairede kullanın ki, ben de size cenneti söz vereyim" diyor.

Allah Resulü, mahrem uzvun adını söylemeyerek, iki bacak arası tabirini kullanarak o yüce edebini göstermektedir. Zaten Efendimiz, her zaman kendine has derin bir edep içinde olmuştur. İnsanlar arasında konuşulması utandırıcı olan bir uzuv zikredilecekken, Allah Resulü, kendine has güzellik içinde bu uzva telmihte bulunuyor "iki bacak arası" tabirini kullanıyor.

Apış arası insanlığın büyük bir imtihanıdır. Neslin devamı bu yolla olduğu gibi, zina ve fuhuşla neslin harap olması da yine bu yolla meydana gelmektedir. Zira onun kötüye kullanımıyla soy-sop birbirine karışır. Ailenin korunması ve milletlerin ayakta kalması, apış arasında iffetli olmaya bağlıdır. İffetli topluluklar, kendi içyapılarını kıyamete kadar devam ettirirlerken; zina ve fuhuş bataklığına gömülen fert ve milletler, mevcudiyetlerini bir nesil öteye dahi götüremezler.

Allah Resulü, iki çene ve apış arası hakkında söz verene, cenneti vaat ediyor. Buradaki mazhariyet, ağız ve apış arasını korumanın zorluğundan geliyor. Çünkü şehvetin bütün vücudu sardığı, benliği kavrayıp ruhu sarstığı bir anda, hatta iradenin gevşeyip fenalığın her türlüsüne açık hale geldiği bir zamanda, Hakk'ın hatırı için insanın kendisini frenlemesi o kadar önemlidir ki; insanın manevî derecelerinin artmasına vesile olabilir ve böyle bir amelle insan, elbette Allah Resulü'nün kefaletiyle cennetlere uçabilir.[117]

Sevgili gençler! Efendimiz (sav) bu hadis-i şerifle iki çene arasındaki dili ve apış arasını muhafaza etmek gerektiğini bu iki hususta garanti verene Allah Resulü'nün (sav) de cennete girmek hususunda kefil olacağını müjdelemektedir.

KADIN FİTNESİNDEN UZAK DURAN

Üsame b. Zeyd'in (ra) rivayetiyle Peygamber Efendimiz (sav) şöyle buyurdular:

"Benden sonra erkeklere kadınlardan daha yaman bir imtihan unsuru bırakmadım."[118]

Hadiste, erkekler için her zamanın özellikle de ahirzamanın en büyük fitnesinin (imtihanının) kadın fitnesi olduğu, Peygamber Efendimiz (sav) tarafından ifade edilmektedir.

Günümüz gençliğinin en büyük tehlikesinin kadın olduğunu anlamamak, görmemek, fitnenin ne olduğunu bilememek demektir. Namuslu bir gencin bile, büyük günahların çoğundan kendini rahatlıkla muhafaza ettiği halde, kadınla imtihan olma karşısında mağlup olduğunu görmekteyiz. Zira bu fitne, akıl yönünden değil arzu ve heves tarafından saldırmakta ve böylece kolaylıkla günaha girilmesine sebep olmaktadır.

Hadiste geçen fitne ifadesi; imtihan, bela, musibet gibi manalara gelmektedir. Bunun içine ahlakî bozulmayı da katmak mümkündür. Erkekler kadınların fitnesinden, belasından ve şerrinden kaçınmaları gerektiği gibi kadınların da erkeklerin fitnesinden, belasından ve şerrinden kaçınmaları gerekmektedir. Meseleyi çift taraflı ele almak gerekir. Efendimizin hadislerinde erkeklerin maruz kalacakları en zararlı fitne olarak kadınların gösterilmesi ve bunun aksinin söylenmemesi bu hususun tarih boyunca da görüldüğü gibi açık seçik bir imtihan çeşidi olduğunu gösterir.

Özellikle maneviyatı ve ruhî hayatı tetikleyen atmosferlerden uzak, iradesi zayıf gençler için müstehcenliğe alet edilen kadın fitnesinden daha büyük ve zararlı bir fitne yoktur.

Kadın fitnesi insanın içindeki duyguları tahrik eder. Kişiyi nefsiyle, şeytanıyla baş başa bırakır. Allah korusun insanı en sonunda da bütün hayatı boyunca temizlenemeyeceği ve utancını duyacağı bir sonuca götürür.

Başka bir hadiste dünyadan sakınılması gerektiği ifadesinin hemen arkasından kadının da korunulması istenmektedir.

Bu durumda gençleri yaşlılara nazaran daha çok ilgilendirmektedir. Zira kadının fitne imtihan unsuru olması daha çok genç kardeşlerimiz için söz konusudur. Evet, erkek ve kadının şehevi arzularının ve birbirlerine karşı olan yönelişlerinin, meşru olmayan her türlü haram ilişkilerden arındırılması dinimizin en önemli gayelerinden biridir. Ancak bu gaye yerine getirildiği takdirde toplumda nizam ve düzen sağlanacak, annesi ve babası belli sağlıklı nesiller yetiştirilecek, aile hayatının mutluluğu ve sürekliliği, kadın erkek ilişkilerinin ahlakî bir temel üzerine bina edilmesi mümkün olacaktır. Ayrıca dünyanın bir özelliği olan çekicilik, kadın için de söz konusudur.

Efendimiz (sav) bazı hadis-i şeriflerinde kadınlar sebebiyle ortaya çıkacak fitneden genel anlamda sakındıktan sonra özellikle fitnenin "kadın" yüzünden olduğunu hatırlatmıştır. Kadınlar da fitne (imtihan) unsurlarından biridir. Bunun sebebi, kadının yaratılışındaki çekicilik, kadın ve erkeğe verilen şehvet hissidir. Öyleyse başta gençler olmak üzere herkes kadın-erkek ilişkilerinde dinimizin istediği şartları düşünmelidir.[119]

GENÇLİĞİNİ KORKU VE ÜMİT ARASINDA GEÇİREN

Peygamber Efendimiz (sav), ölüm döşeğinde olan bir gencin yanına girdi ve ona:
— Sen kendini nasıl buluyorsun, diye sordu. Genç:
— Ben Allah'ın affını umarım ya Resulallah! Ve günahlarımdan da korkarım, dedi. Bunun üzerine Resulallah (sav) buyurdu ki:
— Bu vakitte herhangi bir kulun kalbinde bağışlanma umudu ve günah korkusu birleşince mutlaka Allah o kuluna dilediğini verir ve onu korktuğu azabından emin kılar.[120]

Bu hadise her ne kadar bir gencin başından geçmişse de, aynı durum her insan için geçerlidir. Fakat bu hadiseye bir gencin konu olması şu açıdan önemlidir: Gerçekten gençlik dönemi, korku ve ümidin sık sık dengesini kaybettiği bir safhadır. Genç insan, bazen öylesine ümitli olur ki, doğrudan cennete gideceğini düşünür. Zaman olur öyle ümitsizliğe düşer ki, günahları çok fazla olduğu için affedilmeyeceğini sanır.

Bu hadis, dünyası çok çabuk değişebilen gençlerimize güzel bir müjde ve uyarıdır.

Dinimiz bizleri korku ve ümit arasında olmaya teşvik eder. Yüce Rabbimiz mealen şöyle buyurur: "De ki: Ey günahta aşırı giderek nefislerine zulmetmiş kullarım! Allah'ın rahmetinden ümidinizi kesmeyin. Muhakkak ki Allah, bütün günahları bağışlar. Şüphesiz ki O çok bağışlayıcı, çok merhamet edicidir. Öyleyse azap gelmeden önce Rabbinize dönün ve O'na teslim olun; sonra kimseden yardım göremezsiniz."[121]

Rabbimiz, Kendisine ortak koşulmasından başka tüm günahları affedebileceğini belirtmiştir. Bunun için kesinlikle ümitsiz olmamak gerekir. Çünkü Allah'ın rahmetinden ümidini kesen ancak şeytandır. Fakat ümitli olmak demek, günah işlemeye devam etmek ve nasıl olsa affedileceğinden emin olup, Allah'ın azabından korkmamak değildir.

Nitekim bu hususta Hz. Ömer (ra) tüm gençlere örnek olacak şu ölçüyü dile getirmiştir: "Eğer 'Tüm insanlar cehenneme gidecek, sadece bir kişi cennetlik olacak' dense, 'Acaba ben miyim?' diye ümitlenirim. Şayet 'Bütün insanlar cennete gidecek, sadece bir kişi cehennemlik olacak' deseler, 'Acaba ben miyim?' diye korkarım."

İşte böyle bir düşünce, korku ve ümit arasında olmanın zirvesidir. Yani kişi, hem Allah'ın azabından korkmalı, günahlarını düşünmeli; hem de Allah'ın rahmetinden ümitvar olmalıdır.

Dikkat edilirse böyle bir düşünce birbirinin zıddı değildir. Çünkü ele alınan korku ve ümittir. Bunların zıddı ise, "korkmamak" ve "ümitsizlik"tir. Bize tavsiye edilen, "hem korkmak hem korkmamak" veya aynı anda "ümitli ve ümitsiz olmak" değildir. Bizden istenen, "Aşırı korkudan dolayı ümitsiz olmamak" ve "Aşırı ümitten dolayı korkusuz olmamak"tır.

Bunun için insan hem korkup hem ümitli olabilir.

Hadiste dikkat çekilen mühim bir husus da, "Ben kulumun zannı üzereyim. Beni nasıl tanırsa öyle muamele ederim" hadis-i kudsisinde belirtilen gerçektir. Bu hadis-i kudsiye göre, biz Rabbimizin rahmetini ümit edersek öyle muamele görürüz. Ayrıca Rabbimize suizan etmemeliyiz. Yani, "Ben çok günahkârım, bana mutlaka azap eder" demek, Allah'ın iradesine karışmaktır. "Ben çok günahkârım, ama Rabbim af ve mağfiret sahibidir" diye düşünmek, günahlara tövbe edip, af dilemek gerekir.

Bir kimsenin, "Kesinlikle ben cehennemliğim" demesi de, "Ben kesinlikle cennetliğim" diye düşünmesi de yanlıştır, büyük günahtır. Doğrusu, şöyle düşünmektir:

"Ben çok günah işledim. Allah'ın azabından korkarım. Ama pişmanım, Rabbim affedebilir. Bu arada Allah beni bazı sevaplar işlemeye muvaffak etti. İyi amellerim de O'nun ihsanıdır. Ümit ederim ki, bana lütufla muamele eder."

"Hiç kimsenin ameli, kendisini cennete götürmez. Beni de. Rabbimin rahmeti olmasa ben de cennete giremem" diyen Peygamberimiz (sav), eski asırlarda yüz kişi öldürdüğü halde samimi bir şekilde tövbe eden bir kişinin affedildiğini belirtir.

İşte korku ve ümit arasında bulunmak budur. Bir yanda Allah'ın en büyük Peygamberi, kendi ameliyle cennete giremeyeceğini belirtiyor; diğer yanda yüz kişiyi öldüren kesin bir pişmanlıkla af dilediği için mağfiret ediliyor.

Kişinin ameline güvenmesi, "ucb"* denilen manevî bir hastalıktır ki, en az ümitsizlik kadar kötüdür.

Rabbimiz bizleri, hayatımızı hüsn-ü hatimeyle* bitirip imanla kabre girinceye kadar korku ve ümit arasında bulundursun.[122]

---

* Ucb: Kendini beğenmişlik, kibir, gurur.
* Hüsn-ü hatime: Güzel son, iyi son.

ANNE-BABASINA İYİLİK YAPAN

Ebu Hüreyre (ra) rivayet ediyor:
"Anne-babaya iyilik, ömrü uzatır. Yalan rızkı azaltır. Dua kazayı geri çevirir. Aziz ve Celil olan Allah'ın yarattıkları hakkında iki kazası vardır. Biri değişmez, diğeri ise değişir."[123]

Her insan uzun ömürlü olmayı isler. Hadis-i şerifte bunun yollarından biri üzerinde durulmakta, anne-babaya iyiliğin ömrü uzattığı belirtilmektedir.

O şefkat kahramanları annelere, o fedakâr babalara yapılan iyilikler elbette zayi olmaz. Ahirette verilecek sevap bir yana, daha dünyadayken insan peşin ücretini alır. İyiliği sebebiyle gönlü huzurla dolar, işleri rast gider, o huzur ve rahatlığın verdiği zevk ve lezzetle hayatın tadını çıkarır. Manen ömrü uzar. Ömrün manen uzaması demek, ömürden beklenen sevap semerelerinin artması demektir. Başkalarının uzun ömürlerle elde edemediğini böyle kimseler daha kısa bir ömürle elde etmiş olurlar.

Öte yandan Allah Teâlâ bazı şeyleri bir takım şartlara bağlamıştır. O şartlar yerine getirildiğinde şarta bağlı olan husus da gerçekleşir. Buna göre Allah kulunun ömrünün daha uzun olmasını, mesela burada olduğu gibi anne-babaya hürmet gibi birtakım iyiliklere bağlamış olabilir. O iyilikler yapıldığında kişinin ömrü hakikaten uzamış olur. Allah ezelde onun yapacağı iyilikleri bildiği için ona daha uzun ömür takdir eder. Bu da nihaî takdirin bozulması manasına gelmez. Çünkü nihaî takdirin ne olduğu da Allah katında kayıtlıdır.

Hadiste yalanın da rızkı azalttığı belirtilmektedir. Önce şunu belirtmek gerekir. Rızık ikidir: Birincisi hakiki, ikincisi mecazi. Herkese ölmeyeceği kadar rızkın verilmesi hakikî rızık, bundan fazlası ise mecazî rızık içerisine girer.

Bazı kimseler, bilhassa ticarette yalanlar atarak bol para kazanacaklarını sanmaktadırlar ki bu kendi kendilerini aldatmaktan öte geçmez. Kaderde ne varsa o gerçekleşir. Ne yapsa bu hakikî rızkını değiştirmez. Ne arttırır, ne de eksiltir. Mecazî rızık da çalışmaya bağlı rızıktır ki, Cenab-ı Hak böylelerine hayırlı rızıklar ihsan etmez, engeller çıkarır, bolca değil, daha az verir, verdiklerinden de bereketi kaldırır.

Rızkın Allah'ın elinde olduğu düşünülürse, O'nun izin ve müsaadesi olmadan insan, bin türlü hile ve yalana müracaat etse de müspet bir sonuç alamayacağını bilmelidir. Müşterinin kalbini meylettirecek O olduğuna göre, yalana, hileye müracaat etmenin manası yoktur. Ancak böyle bir yola imanı zayıf veya inançsız olan kimseler müracaat edebilirler. Hâlbuki rızık verenin Allah olduğu düşünülse, sonra da makul ve meşru yollara başvurulsa, dürüstçe hareket edilse, Allah bol bol rızık verecektir. Dürüst kişi çevresine güven verdiği için müşterileri celbedecektir. Cenab-ı Hak da onun bu dürüstlüğüne mükâfat olarak bolca ihsanlarda bulunur. Evet, yalan rızkı azaltır, dürüstlük ise rızkı çoğaltır.

Hadiste dikkat çekilen hususlardan birisi de duanın kazayı geri çevirdiğidir. Diyelim ki, Cenab-ı Hak bir kuluna bir felaketi takdir etti. Bu kader bir gün gelip gerçekleşecek, yani kaza olacak. İşte hadis-i şerifte bu kazayı önlemenin yollarından biri gösterilmekte, dua tavsiye edilmektedir. Evet, kulluğun özü olan duaya yaratılışımız gereği zaten ihtiyacımız var. Her şeyimizle ve her işimizde muhtaç olduğumuz Rabbimize yönelmezsek, başımıza dolular gibi yağmakta olan musibetlerden nasıl korunabilir, mukadder bazı felaketlerden nasıl kurtulabilirdik?

Sonuç olarak baştaki Ebu Hüreyre'den (ra) rivayet edilen hadis-i şerifte belirtildiği üzere Allah (cc) anne ve babasına itaat eden ve iyilikle davrananın ömrünü uzun ve bereketli kılar.

Cennetin yolu anne-babadan geçer. İman temeli üzerinde gelişen iyiliği, hayrı, fazileti şiar edinerek başta anne ve babası olmak üzere hısımlarına ve yakınlarına, sonra da yetimlere, yoksullara iyilikte bulunup yardım eden kimseye cennet yolu açılır.

İnsan anne ve babasının kıymetini bilmeli, onlara hizmette kusur etmemeli ve onların meşru emirlerini yerine getirmelidir ki, bereketli mutlu ve huzurlu bir hayat yaşasın.

Ebeveynine hürmet etmeyen bir kişi ise günahkârdır; İslam ahlakına ve adabına aykırı davranmış olur.

Ebu Hüreyre (ra) anlatıyor:

"Bir sahabi Allah'ın Resulü'ne (sav) sordu:

— Ya Resulallah! İnsanlar içinde maddî yardımıma, manevî ilgime en çok layık olan insan kimdir?

— Annendir.

— Annendir.

— Annendir.

— Sonra da babandır. Daha sonra da (sırasıyla) sana en yakın ve de en yakın olandır."

Efendimizin (sav) bu hadis-i şeriflerinde gösterilebilecek sevgi ve saygının, yapılabilecek yardım ve ikramın birinci derecede anneye sunulması bildirilmektedir. Ayrıca İslam dininde anne olarak kadına verilen değerin yüceliğini de öğretmektedir.

Ashab-ı kiramdan büyük bir günah işleyip de işlediği günahın ezikliğini ruhunda duyan bir sahabi Hz. Peygamber'e (sav) geldi ve şöyle sordu:

— Ya Resulallah! Büyük bir günah işledim. Benim için (Rabbimin katında kabul olunacak) tövbe var mıdır?

Allah'ın Resulü (sav) bu suali mukabil bir sualle cevaplan-

dırdı ve aralarında şu diyalog geçti:
— Annen sağ mıdır?
— Hayır ya Resulallah!
— Peki, teyzen var mı?
— Var.
— Ziyaret ederek, bedenî ve malî yardımda bulunarak teyzene iyilik yap. Bu iyiliğin, işlediğin günaha kefaret olur.[124]

Namaz, zekât, akrabaya itaat gibi güzel ameller yapmanın zina, içki ve faiz gibi ilahî yasaklardan sakınmanın günahlara kefaret olacağını bu ve benzeri hadisler bizlere açıkladığı gibi Kur'an-ı Kerim ayetleri de açıklamaktadır:

"İman eden ve güzel ameller yapanların evet, onların günahlarını örteriz. Yaptıkları amellerin daha güzeli (armağanlarla) onları elbette mükâfatlandırırız."[125]

"Eğer sizler yasakladığımız günahların büyüklerinden kaçınırsanız sizin diğer günahlarınızı örteriz ve sizi ağırlanacağınız bir yere sokarız."[126]

Ebu Umame (ra) anlatıyor:
"Bir sahabi, Allah'ın Resulü'ne (sav) sordu:
— Ya Resulallah! Anne-babanın çocukları üzerindeki hakkı nedir?
— Onlar senin cennetin ve cehennemindir. Onlara itaat ve ikram cennete girmene, onlara saygısızlık, ilgisizlik ve kırıcı muamele de cehenneme düşmene sebep olur."[127]

Mü'min genç için hayatın gayesi Allah'ın rızasına ermek, böylece cehennemden kurtulmak ve cennete girmektir.

Peygamberimiz (sav) "Anne ve baba senin cennetin ve cehennemindir" buyurmakla onlara karşı evlatlık görevimizi yapmaksızın açıklanan hayati gayenize eremeyeceğimizi açıklamaktadır.

Ebû Hüreyre'ninn (ra) rivayet ettiği bir hadis-i şerif şöyledir:
"Allah'ın Resulü (sav) açıkladı:
— Kişinin cennetteki derecesi yükseltilir.

Sebebini araştırmak için sorar:

— Neden ötürü derecem yükseltiliyor acaba?

Ona melekler tarafından şu cevap verilir:

— Sebep, çocuğunun senin için Allah'tan (cc) bağışlanmanı ve derecenin yükseltilmesini istemiş olmasıdır."[128]

Çocukların duasının anne-babaların ahiret mutluluğuna yardımcı olacağını, Peygamberimiz şu hadisleriyle de bildirmektedir:

"İnsan öldüğü zaman ameli kesilir. (Sevap kazanamaz olur.) Ancak üç amel bunun dışındadır.

Bunlar: Cami, çeşme ve yol gibi sürekli bir hayır eserleriyle insanlara sunduğu faydalı ilim ve bir de kendisine dua eden hayırlı bir evlat. Bunların sevapları kesilmez, devam eder durur."[129]

Mâlik bin Rebîa (ra) anlatıyor:

"Bizler Allah'ın Resulü (sav) ile beraber bulunuyorken Selemeoğulları'ndan bir adam çıkageldi ve de sordu:

— Ya Resulallah! Ölümlerinden sonra ana-babama yapabileceğim bir iyilik var mıdır?

Hz. Peygamber (sav) bu suali şöyle cevaplandırdı:

— Evet, vardır. Ana-babanın affını Allah'tan dilemek. Azaplarının kaldırılması ve derecelerinin yükseltilmesi için dua etmek.

Ölümlerinden hemen sonra vasiyetlerini yerine getirmek.

Amca, teyze, dayı ve hala gibi onların sıla-i rahimde bulunacağı yakın akrabaya sıla yapmak (Onları ziyaret etmek, Hakk'a çağırıp batıldan uzaklaştırmak ve gereğinde malî ve bedenî yardımda bulunmak).

Ana-babanın dostlarına ikram edip sevgi ve hürmet göstermek.

(Bütün bunlar ölümlerinden sonra ana-babaya karşı yapılacak vazifelerdendir.)"[130]

İbn Abbas (ra) anlatıyor:

"Allah'ın Resulü şöyle buyurdu:
— İhtiyaç ve aşağılık içinde burnu üzerinde sürünsün, burnu üzerinde sürünsün, burnu üzerinde sürünsün.
Sahabiler tarafından soruldu:
— Kim burnu üzerinde sürünsün ya Resulallah?
— Yaşlılıklar döneminde ana ve babasından birine veya her ikisine yetişip de onlara gerekli ilgi, sevgi ve yardım göstermediği için cennete giremeyen kimse (burnu üzerinde sürünsün)."[131]

Ana-babalarını sağlıklarında önemsemeyen, onlara bakmayan, hatta bedduaalarını alan, böylece kendilerini cehenneme hazırlayan, fakat onların ölümünden sonra hatalarını idrak eden çocuklar için bir kurtuluş yolu yok mudur?

Evet vardır. Yeter ki insan ana-babaya isyan günahına kefaret olacak güzel amellere talip olsun.

Zira Peygamberimiz (sav) şu müjdeleri veriyor:

"Ana-babası veya ikisinden biri ölen kişi bağlılık duygusuyla onlara duada bulunur ve onlar için bağışlanma dilerse Allah o kişiyi ana-babasına itaatkâr kullardan kılar."

"Her cuma günü ana-babasının kabirlerini ya da ikisinden birinin kabrini ziyaret eden kişinin Allah günahlarını bağışlar ve onu ana-babasına itaat ve ikram eden kullar arasına yazar."[132]

Sonuç olarak, herkes anne-babasına iyi davranacak, iyilik edecek, onlardan biri veya her ikisi çocuklarının yanında yaşlanırsa, çocukları onlara "öf" bile demeyecek, onları azarlamayacak, onlara tatlı ve gönül alıcı sözler söyleyecek, kendilerine şefkatle kucak açacak ve şöyle dua edecekler:

"Rabbim! Onlar beni küçükken nasıl özenle büyüttülerse sen şimdi onlara merhamet et."[133]

"Ey Rabbimiz! Amellerin hesap olunacağı gün beni, anne-babamı ve mü'minleri bağışla."[134]

DOĞRULUKTAN AYRILMAYAN

Ubade b. Sâmit'ten (ra) rivayetle Peygamber Efendimiz (sav) şöyle buyurmuştur: "Siz bana altı şeyi koruyacağınıza söz verin, ben de size cennet ile söz verip (ona gireceğinize kefil olayım):
1) Konuştuğunuz zaman doğru söyleyin.
2) Söz verdiğiniz zaman onu yerine getirin.
3) Size emanet bırakıldığında onu (gerektiği zaman) ödeyin.
4) İffet ve namusunuzu koruyun.
5) Gözünüzü (haramdan çevirip) kapayın.
6) Elinizi (başkasına eza ve cefadan) çekip (kötülükten) alıkoyun."[135]

Görüldüğü gibi, ruhun en önemli yanı doğruluktur. O bakımdan altı maddenin başında ona yer verilmiştir. Ruhun özünde mevcut olan din ve Allah duygusu, doğruluktan başkasını kabul etmez.

Cennet, doğruluğu şiar edinen mü'minlerin yurdudur. Yalancılara orada yer yoktur. Çünkü yalan, birçok faziletleri beraberinde götürmekte, kalbin latafetini gidermekte, ruhun ariyetini bozmaktadır Allah Resulü (sav), korkağa, hatta cimriye iltifatta bulunmuş, ama yalancıya değil.

O bakımdan yalanı terk edip doğruluğu huy edinen mü'mine

sıcak ilgi göstererek şöyle buyurmaktadır:

"Yalanı terk eden kimse cennetin ortasında bir ev (verileceğine) ben kefilim."[136]

Ashab-ı kiramdan Ebû Kurade es-Sülemî (ra) anlatıyor:

"Bir ara Resulullah Efendimizin (sav) yanında bulunuyorduk. Efendimiz abdest almak için su istedi. Getirilince, ellerini batırıp abdest aldı.

Bunun üzerine bizler peşpeşe o sudan ağız dolusu almaya başladık. Resulullah Efendimiz (sav):

— Sizi böyle yapmaya iten nedir, diye sordu. Biz de:

— Allah ve Resulünün sevgisi, diye cevap verdik. Buyurdu ki:

— Eğer Allah ve Resulü'nün sizi sevmesini arzu ediyorsanız, size bırakılan emaneti yerine koyun, konuştuğunuz zaman doğruyu söyleyin, size komşuluk edenlere iyilikte bulunun!"[137]

Hz. Ali (ra) de diyor ki: "Resulullah Efendimizden (sav) şu sözleri işitip ezberledim:

— Seni şüpheye düşüren şeyi bırak da şüpheye düşürmeyene yönel. Çünkü gerçekten doğruluk gönül yatışkınlığıdır; yalan ise şüphe ve kuşkudur."[138]

Doğruluk aleyhimize olsa bile onu seçmemiz emrediliyor. Çünkü gerçek kurtuluş ve mutluluk doğrulukladır. "Yalancının mumu yatsıya kadar yanar" sözü boşuna söylenmemiştir. Yalan bir süre sahibini mutlu etse bile sonu hüsran ve karanlıktır. Sevgili Peygamberimiz (sav), "Doğruluğu bulup seçin; onda felaket ve yok olmayı görseniz bile, muhakkak kurtuluş ondadır" buyurmuştur.[139]

Yalancılık ise münafığın açık belirtilerinden biri sayılmıştır. Çünkü tahkiki imanla yalanın bir yerde birleşmesi düşünülemez; biri gelince diğeri gider. O bakımdan Resulullah Efendimiz (sav), mü'minleri uyararak şöyle buyurmuştur:

"Münafıkların alameti üçtür: Konuşunca yalan söyler, söz verince yerine getirmez, ahitte bulununca vefasızlık ve haksızlık eder."[140]

İmam Mâlik'in rivayet ettiği bir hadiste, Resulullah'tan (sav) sorulan şeyler ve verdiği cevaplar şöyle belirtiliyor:
— Ya Resulallah! Mü'min korkak olabilir mi?
— Evet, olabilir.
— Mü'min cimri olabilir mi?
— Olabilir.
— Mü'min yalancı olabilir mi?
— Hayır.[141]

Diğer bir hadislerinde ise, şöyle bir açıklama ve kıyaslamada bulunmuşlardır: "Küfürle iman bir kişinin kalbinde bir araya gelemez. Doğrulukla yalancılık da bir araya gelemez. Hıyanetle emanet (güven) bir araya gelemez."[142]

"Hıyanet olarak (günah ve azabı) ne büyüktür ki, seni tasdik eden din kardeşine, yalan söylediğin halde bir söz söylemen, bir haber vermen!"

Bu güveni, kardeşliği, samimiyeti bütünüyle kötüye kullanmak, doğru düşünen, doğru söylediğine inanan bir mü'mini aldatıp zafiyetinden yararlanmak kadar adice ne olabilir?

Dost ve arkadaşa karşı güvenilir olmak, doğruyu söylemek, din kardeşliğinin haklarından biridir. Sevgili Peygamberimiz (sav), düşüncelerimizin ve ağzımızın hep doğruya alışması, yalanı huy edinmemesi için, çocuklarımızı bile aldatmamızı, onlara karşı bazı yalanlar uydurup avutmaya çalışmamızı doğru bulmamış ve mü'minleri bu konuda uyarmıştır.

Nitekim ashab-ı kiramdan Abdullah b. Amir (ra) diyor ki:
"Resulullah Efendimiz (sav) evimizde oturduğu bir gün annem beni çağırdı ve:
— Gel de sana vereyim, dedi. Bunun üzerine Peygamber Efendimiz (sav):
— Ona ne vermek istedin, diye sorduğunda, annem:
— Ona hurma vermek istiyordum, diye cevap verdi. Peygamberimiz (sav):
— Eğer çağırıp ona bir şey vermeyecek olsan bu senin aley-

hinde bir yalan olarak yazılır, buyurdu."[143]
Doğru sözün yararları şöyledir:
- Aleyhte bile olsa eninde sonunda insanı kurtuluşa götürür.
- Doğruluğun meyvesini bu dünyada toplamayan kimse, mutlaka onu ahirette fazlasıyla toplar.
- Cennet kapılarından ancak doğru sözlüler girer.
- Dünyada hakların korunmasına yardımcı olur.
- Toplum yapısında güven ve huzur doğurur.
- İyi bir neslin yetişmesine yardımcı olur.
- Allah ve Peygamberinin sevgisini kazanmaya sebep olur.
- Dünyada da, ahirette de şerefli bir hayat yaşatır.
- İblis'in tasallutunu önler, nefis hâkimiyetine imkân vermez.
- Kişiyi sözü sohbeti dinlenir bir dereceye yükseltir.

Rivayetlerin tamamından, doğruluğun, doğru sözün büyük sevaplardan, uhrevî ecirlere kapı açan amellerden biri olduğu anlaşılıyor.[144]

Onun için Cenab-ı Hak, bütün mü'minlere şöyle sesleniyor:

"Ey iman edenler! Allah'tan korkup (yalandan, hıyanetten, her türlü kötülükten) sakının ve doğrularla beraber olun."[145]

Ebû Amr (veya Ebû Amre) Süfyan bin Abdullah'tan (ra) rivayetle şöyle dedi:

— Ya Resulallah! Bana İslam'ı öylesine tanıt ki, onu bir daha senden başkasına sormaya ihtiyaç hissetmeyeyim, dedim.

Resulullah (sav):

— Allah'a inandım de, sonra da dosdoğru ol, buyurdu.[146]

Sevgili genç kardeş! Allah'ın rahmet ve cennetine kavuşabilmek için bize düşen dürüstlükle amel ve duaya devam etmek, olabildiğince dürüst bir dinî yaşayış için gayret göstermek, ifrat ve tefrite kaçmamaktır.

BAŞKASININ HATA VE KUSURLARINI ARAŞTIRMAYAN

İbni Abbas'tan (ra) rivayetle Peygamber (sav) şöyle buyurdular:

"Başkasının kusurlarını anlatmak istediğinde hemen kendi kusurlarını hatırla."[147]

Dikensiz gül, kusursuz insan olmaz. Başkalarının olabileceği gibi kendimizin de birçok kusurumuz vardır. Fakat her nedense insan kendi hata ve kusurlarını görmek istemez. Başkalarının kusurlarını sayıp dökmekten lezzet alır. Bu hal hiç şüphesiz nefisten kaynaklanmaktadır.

Böyle bir anda yapılması gerekeni Peygamberimiz (sav) yukarıdaki hadislerinde çok güzel anlatmıştır. Kendisinde aynı kusurların, hatta daha fazlasının bulunduğunu gören bir insan hangi yüzle başkalarının kusurlarını sayıp dökme cesareti gösterebilecektir? Kendi gözündeki merteği gören, başkalarının gözündeki çöple uğraşmaz.

Ebû Hüreyre'den (ra) rivayet edildiğine göre, Nebi (sav) şöyle buyurdu:

"Bir kul, bu dünyada başka bir kulun ayıbını örterse, kıyamet gününde Allah da onun ayıbını örter."[148]

Dinimiz, insanların ayıplarını araştırmayı ve kişilerin gizli hallerini ortaya çıkarmak için gayret etmeyi yasaklamıştır. Buna karşılık, bir kimsenin ayıplarını, kusurlarını örtmek ahlakî bir fazilet, üstün bir insanî meziyet kabul edilmiştir.

Allah Teâlâ, dünyada günahlarını örttüğü kulunun, kıyamet gününde de hata ve kusurlarını örter. Böylece mahşer halkı da onun bu halini bilmezler. Dünyada bir kulun hata ve kusurlarını örten kimse de sevap işlediği için, Allah katında o da mükâfatını görür.

Sevgili genç kardeşim unutma ki;

Kişinin, gizli olarak işlediği bir günahı açığa vurmaması, Allah'ın onu affetmesine vesile olur.

İşlediği günahı başkalarına anlatan ve bunu bir meziyet sayanları Allah affetmez.

Gizli işlenen günahları açığa vurmak, başkalarına anlatmak, Allah ve Resulünü hafife almaktır.[149]

GIYBETTEN UZAK DURAN

Ebu Hüreyre (ra) rivayet ediyor:
"Bir sahabi tarafından Allah'ın Resulü'ne (sav) soruldu:
— Ey Allah'ın Peygamberi! (Uğratacağı azabı açıklayarak bizi gıybet etmekten şiddetle sakındırıyorsunuz.) Gıybet nedir?
Allah'ın Resulü (sav) şu cevabı verdi (ve diyalog şöylece sürdü):
— Gıybet, mü'min kardeşini duymasından hoşlanmayacağı bir şekilde anmandır.
— Peki ya Resulallah, ya o mü'min kardeşim hakkında söylediklerim gerçekse... Buna ne buyurursunuz?
— Onun hakkında söylediklerin onda varsa onun gıybetini yapmış olursun. Yoksa onunla ilgili söylediklerin doğru değilse ve onda yoksa ona iftira etmiş olursun."[150]

Hadis-i şerifte tarifi yapılan gıybet İslam dininin haram kıldığı bir dil afetidir.

Mü'minler arasında ilginin alakasızlığa, sevginin nefrete, feragatin de yericiliğe dönüşmesine sebep olan gıybet toplum hayatını kemiren bir günahtır.

Cabir'den (ra) rivayetle Allah'ın Resulü (sav) (bir sohbetlerinde şöyle) buyurdu:
— Gıybet suçunun günahı zina suçunun günahından daha büyüktür.

Hayrete düşen sahabiler sordular:

— Ya Resulallah! Gıybet zinadan daha büyük nasıl olabilir?

Şöyle buyurdular:

— Kişi zina eder. Sonra da pişman olup tövbe eder, Allah da onun tövbesini kabul eder, onu bağışlar. Fakat gıybetini yaptığı kişi kendisinin gıybet suçunu bağışlamadıkça gıybetçi Allah (cc) tarafından bağışlanmaz.[151]

İslam dininde zina suçuna ahiret cezasının yanı sıra Kur'an'ımızın bekarlar için yüz sopa ve bir yıl sürgün, evliler için de ölüm cezası verilmesine büyük bir güç olduğuna delildir.

Gıybet ise fert hakkına tecavüz günahıdır. Keffaret olacak vasıfta dünyevî bir cezası bulunmadığı için hak sahibi tarafından bağışlanmadıkça affolunmayacak bir suçtur.

Gıybet bütün yönleriyle değil, yalnız değinilen yönüyle zinadan büyük bir günahtır. Yoksa zina, Allah'a ortak koşma ve insan öldürmeden sonra gelen üçüncü en büyük günahtır.

Ebu Hüreyre'nin (ra) rivayetine göre, sahabiler tarafından Allah Resulü'ne (sav) soruldu:

— Ya Resulallah! İnsanları cehenneme sokan günahların çoğunluğunu hangi günahlar oluşturur?

Şu cevabı verdi:

— Dil ile işlenen yalan ve gıybet gibi günahlara cinsiyet organı ile yapılan zina ve lûtîlik,* homoseksüellik* gibi günahlar oluşturur.[152]

Mü'min genç, sözleri, davranışları ve işlerini sürekli bir şekilde kontrol altında tutmalı... İnsanlar tarafından yanlış anlaşılıp değerlendirilmesine sebep olmamalıdır. Zira gıybet kötü zan ve iftira gibi bir günaha sebep olmak da bir günahtır.

---

* Lutî: Lut kavminin işlediği eşcinsellik günahını işleyen.
* Homoseksüellik: Eşcinsellik.

AHİRETİ DÜŞÜNEN

Peygamber Efendimiz (sav), bir gün bir hasır üzerinde uyumuştu. Uyandığında hasırın izleri yanağına çıkmıştı. Bunu gören sahabeler:

— Ey Allah'ın Resulü! Senin için bir yatak temin etseydik de onun üzerinde uyusaydınız, dediler.

Bunun üzerine Kâinatın Efendisi (sav):

— Ben dünyada bir ağacın altında gölgelenip sonra oradan ayrılıp giden bir yolcu gibiyim, buyurdu.[153]

Peygamberimizin (sav) de ifade ettiği gibi yeryüzü insan için bir konaktır, insan ise bu konaktaki bir yolcudur. İnsan, dünyada Allah'ın verdiği nimetlerle hayatını sürdürür. Sonra konaklama süresi sona erer ve ölüm denen gerçekle bu dünyadan ayrılır. Artık ahiret hayatı başlamış olur. Bu süreç kabir hayatı, sura üfleme ve kıyamet, yeniden dirilme ve haşir, amel defterlerinin verilmesi, hesap, mizan, sırat, cennet ve cehennemle tamamlanır; insan, cennet veya cehennemden hangisini hak etmişse orada sonsuz bir hayata başlar.

İnsan, bu dünyadaki bütün yaptıklarının hesabını hiç kimsenin haksızlığa uğramayacağı ve mutlak adaletin gerçekleşeceği ahirette verecektir. Eğer sağlıklı bir şekilde düşünebilirsek aklımız, içimizdeki adalet, sorumluluk ve ebedilik duyguları ile ahiret âleminin varlığını tabii bir şekilde kabul eder. Örneğin iftiraya, haksızlığa veya zulme uğrayan bir kimse eğer bu dünyada adalet yerini bulmamış ise, ki çoğu zaman bulmaz, mutlak adaletin gerçekleşeceği, haklarının alınıp kendisine iade edileceği bir yerin olmasını içtenlikle ister.

Ahiretle ilgili tek bilgi kaynağımız Allah ve Resulü'dür. Kur'an ve sahih hadisler dışında verilen bilgiler yorumdan öteye geçmez. Bu nedenle ahiretteki hâllerin içyüzünü bilmemiz mümkün değildir. Gerçi dünyada kullandığımız bazı nesnelerin ismiyle ahirete mahsus olan bazı şeylerin isimleri benzerdir, örneğin "İsrafil sûra* üfleyecek", "İnsanların sevap ve günahları tartılacak", "Herkese amel defteri verilecek" denildiği zaman, sur için ses çıkaran bir nesne, tartı için bir terazi ve amel defteri için bir defter aklımıza gelir. Ancak bunların mahiyetini ise sadece Allah bilir.

Ölümle başlayıp yeniden dirilmeye kadar devam edecek olan hayata kabir hayatı denir. İnsan ister toprağa gömülsün, ister boğularak denizde kalsın, isterse yanarak kül olsun, bir kabir hayatı geçirir ve İsrafil'in ikinci kez sûra üflemesiyle dirilir. Dünya ile ahiret hayatı arasında geçen bu sürece "berzah"* hayatı da denir.

Peygamberimiz (sav) bir hadisinde, "Kabir, ahiret duraklarının ilkidir. Bir kimse eğer o duraktan kurtulursa sonraki durakları daha kolay geçer. Kurtulamazsa, sonrakileri geçmek daha zor olacaktır"[154] buyurur.

Hadislerde verilen bilgilere göre insan öldükten sonra Münker ve Nekir adında iki melek, ölen kişiye gelerek "Rabbin kimdir?", "Peygamberin kimdir?", "Dinin nedir?" gibi sorular soracaklar. Bu dünyada iman ve güzel amel sahibi olanlar bu sorulara kolayca cevap verecekler, kâfir ve münafıklar ise bu sorulara doğru cevap veremeyeceklerdir. Daha sonra cennet veya

---

* Sûr: Kıyamet günü İsrafil'in üfleyeceği boru.
* Berzah: Ruhların kıyamet zamanına dek bekleyecekleri, dünyayla ahiret arasındaki yer.

cehennemde varacakları yer kendilerine gösterilecektir. Herkes gideceği yeri seyrederek mutluluk veya sıkıntı içinde olacaktır."¹⁵⁵

Kıyametin kopuşunu bildirmek ve kıyamet koptuktan sonra bütün insanların mahşerde toplanmasını sağlamak için İsrafil adındaki melek sûra üfleyecektir. Böylece göklerde ve yerde ne varsa kıyametin dehşetinden sarsılacak ve darmadağın olacaktır. Ardından bütün insanlar dirilecek ve mahşer yerinde toplanmak üzere Rablerine koşacaklardır.

Allah (cc) bu konuyu Kur'an'da şöyle açıklar: "Sûra üflenince, Allah'ın diledikleri müstesna olmak üzere göklerde ve yerde ne varsa hepsi ölecektir. Sonra ona bir daha üflenince, bir de ne göresin, onlar ayağa kalkmış bakıyorlar!"¹⁵⁶

Allah'ın, kullarını tekrar dirilttikten sonra hesaba çekmek üzere bir araya toplamasına haşir, toplanılan yere de mahşer denir. Haşir günü insanlar kendi dertlerini düşünmekten yakınlarını bile unutacaklardır. O gün mü'minlerin yüzü parlayacak, kâfirlerin yüzü kapkara kesilecektir. Bu konuya Kur'an'da birçok ayette değinilir: "Allah'ın onları, sanki günün ancak bir saati kadar kaldıklarını zanneder vaziyette yeniden diriltip toplayacağı gün aralarında birbirleriyle tanışırlar. Allah'ın huzuruna varmayı yalanlayanlar elbette zarara uğramışlardır. Zira onlar doğru yola gitmemişlerdi"¹⁵⁷

İnsanlar hesap vermek üzere toplandıktan sonra, kendilerine dünyada yaptıkları bütün işlerin ayrıntılarını içeren amel defterleri verilecektir. Kirâmen Kâtibin* adı verilen melekler tarafından yazılan o defterler "... önlerine konulduğunda, suçluların orada (yazılı) olanlardan irkildiklerini görürsün. 'Vah bize! Nasıl bir sicilmiş bu! Küçük büyük hiçbir şey bırakmamış, her şeyi hesaba geçirmiş!' derler. Ve yapıp ettikleri her şeyi (kaydedilmiş olarak) önlerinde bulurlar. Ve Rabbinin kimseye haksızlık yap-

---

* Kiramen Kâtibîn: İnsanların yanlarında bulunan ve onların yaptıkları işleri amel defterlerine yazmakla görevli bulunan melek.

madığını anlarlar."¹⁵⁸ Sağ taraftan verilen amel defterleri bir müjde, sol taraftan verilenler ise bir azap habercisi olacaktır.

İnsanlar amel defterlerini ellerine aldıktan sonra Allah tarafından hesaba çekileceklerdir. Hesaba çekilirken insanın organları ve yeryüzündeki varlıklar da şahitlik edeceklerdir. Bu konuda Allah Teâlâ bizi şöyle uyarır: "O gün ağızlarına mühür vuracağız, fakat elleri dile gelecek ve ayakları (hayatta iken) yapmış oldukları her şeye tanıklık edecektir."¹⁵⁹ O gün orada hiçbir adaletsizlik yapılmayacaktır. Zerre kadar hayır işleyen mükâfatını ve yine zerre kadar kötülük işleyen de cezasını görecektir. Peygamberimizin (sav) belirttiğine göre insana öncelikle ömrünü nerede tükettiği, gençliğini nasıl geçirdiği, malını nereden kazandığı, nereye harcadığı ve bildikleriyle yaşayıp yaşamadığı sorulacaktır.¹⁶⁰

Bir gün birbirleriyle kavga eden gençleri gören bir bilge adam onlara şöyle nasihat eder:

— Bakın gençler! İnsanın ömrü üç gündür. Dün, bugün ve yarın. Dünkü yaşadığınız zamanı geri getirin bakalım, getirebiliyor musunuz? Ömrünüzden o gün akıp gitti. Siz sudan bahanelerle birbirinizi kırıyorsunuz. Yarını yaşayacağınıza kesin bir garantiniz var mı? Yok. Çünkü yarın ne olacak, başımıza ne gelecek, kim ölecek kim kalacak bilemiyoruz. İçinde bulunduğunuz şu anınızı güzel işlerle değerlendireceğiniz yerde siz birbirinizi incitiyorsunuz. Bu size ne kazandırır?

Gençler! Yaşadığınız anı, faydalı ve güzel işlerle geçirin. Eğer böyle yaparsanız ömrünüzün her anını değerlendirmiş olursunuz. Gençler! Şunu da unutmayın. Dünyada kalacağınız kadar dünya için, ahirette kalacağınız kadar da ahiret için çalışın. Allah'a muhtaç olduğunuz kadar ona itaat edin! Ve ateşe dayanabileceğiniz kadar da günah işleyin, dedi ve peşinden şu ayeti okudu: "Bu dünya hayatı, bir oyundan, eğlenceden ve geçici bir zevkten başka bir şey değildir. Ama ahiret hayatı, Allah'a karşı sorumluluklarının bilincinde olanlar için çok daha hayırlıdır, öyleyse aklınızı kullanmaz mısınız?"[161]

Hesaptan sonra herkesin ameli (iyilik ve kötülükleri) ilahî adalet ölçüsüyle (mizan) tartılacaktır. Konuyla ilgili Enbiya Suresi'nin 47. ayetinde şöyle buyrulur: "Kıyamet günü (öyle) doğru (öyle hassas) teraziler kurarız ki, kimse en küçük bir haksızlığa uğratılmaz; bir hardal tanesi kadar bile olsa (iyi ya da kötü) her şeyi tartıya koyarız; hesap görücü olarak kimse Bizden ileri geçemez."[162]

İyilikleri kötülüklerinden ağır gelenler kurtuluşa erecek, hafif gelenler ise cezalarını çekmek üzere cehenneme gideceklerdir. Cehenneme gidenlerden iman sahibi olanlar, işlediği suçun cezasını çektikten sonra oradan çıkartılıp güzellikler yurdu olan cennete konacaktır.[163]

Cehennemin üzerinden uzanan yola ise sırat denir. Bu yolun mahiyetini bilemiyoruz fakat Peygamberimizin (sav) bildirdiğine göre; kimi hızlı, kimi yavaş herkes ameline göre bir şekilde bu yoldan geçecektir.[164]

İnkârcılar ve günahkârlar ise geçerken ayakları sürçerek cehenneme düşeceklerdir. Cehennem, ahirette inkârcıların sürekli, günahkâr olan mü'minlerin de günahlarının cezasını çekene kadar kalacakları yerdir.[165]

Cennet ise çeşitli nimetlerle donatılmış ve mü'minlerin ebedi olarak kalacakları ahiret yurdudur. Peygamberimizin (sav) belirttiğine göre; cennette Allah hiçbir gözün görmediği, hiçbir kulağın duymadığı ve insanın aklından bile geçiremediği nice nimetler hazırlamıştır.[166]

NAMAZLARINI VAKTİNDE VE CEMAATLE KILAN

İbn Ömer'den (ra) rivayet edildiğine göre Resulullah (sav) bir hadis-i şerifte şöyle buyurmaktadır: "İbadet zamanının ilk saatinin son saatinden üstünlüğü, ahiretin dünyadan üstünlüğü gibidir."[167]

Vaktin evvelinde kılınan namaz, vaktin sonunda kılınan namazdan, ahiretin dünyadan üstünlüğü gibi üstündür.

Dünya, ahiretin tarlası olması bakımından tâbi, ahiret de metbûdur. Yani ahiret esas, dünya ise tedbirini almak için bir konaklama yeridir. Akıllı bir kimse geçici konağın süslenmesinden daha fazla, daimi ikametgâhının süslenmesine çalışır.

Muttakî mü'minler vakit yaklaştığı zaman abdest alıp ezanı bekler, vakti abdestli olarak karşılarlar. "Abdest mü'minin silahıdır" mealindeki hadis-i şerife uyarak kendisine hücum etmek niyetinde bulunan nefis ve şeytan düşmanına karşı hazırlanırlar ve böylece imanın talan edilmesini, gönül memleketinin yağmalanmasını önlemiş olurlar.

Ucre oğlu Ka'b'dan (ra) rivayet edildiğine göre Resulullah (sav) bir hadis-i şerifte şöyle buyurmaktadır:

"Muhakkak ki, Rabbiniz şöyle buyuruyor: 'Namazını tam vaktinde kılan namazına devam eden ve önemsiz sayıp namazını zayi etmekten sakınan bir kimse için, yanımda teminatı vardır ki, onu cennete dâhil edeceğim. Namazını vaktinde kılmayan, namazına doğru-dürüst devam etmeyen ve namaz hakkını önemsiz sayarak terk ve zayi eden bir kimse için yanımda teminatı yoktur. Dilersem azap eder, dilersem affederim."[168]

"Bir sahabi sordu:

— Ya Resulallah! İslam dininde Allah'ın (cc) en çok sevdiği amel hangisidir?

Allah'ın Resulü (sav) şu cevabı verdi:

— Beş vakit namazı normal vaktinde kılmaktır. Namaz kılmayan kişinin (emir ve yasaklara göre hayatını düzenleyeceği) dini yoktur. Zira namaz, dinin ana sütunudur."[169]

Rabia b. Ka'b El-Eslemi (ra) anlatıyor:

"(Bir yolculuk sırasında) Hz. Peygamber'le (sav) birlikte geceledim. (Diğer ihtiyaçlarını karşıladım. Aramızdaki şu konuşma geçti:)

— (Ne arzu ediyorsun) İste.

— Ya Resulallah! Senden cennette seninle beraber olmayı istiyorum.

— O halde, pek çok namaz kılarak nefsin için bana yardımcı ol.[170]

Ebu Hüreyre'den (ra) rivayetle Peygamber Efendimiz (sav) şöyle buyurdu:

"Kalk namaz kıl. Şüphesiz namaz şifadır."[171]

Gerek Kur'an'ın ve gerekse Peygamber Efendimizin (sav) emrettiği her hususta insan için sayısız faydalar vardır. Resul-ü Ekrem (sav) yukarıdaki hadislerinde namaz kılmamızı emrederken onun çok önemli bir faydasına dikkatleri çekmektedir. O da namazın şifa oluşudur.

Evet, namaz şifadır. Maddî ve manevî hastalıklarımız için bir ilaçtır. Namaz, ruh ve kalbin gıdasıdır. Maddeten ve manen birçok hastalıklara karşı mücadele edebilecek manevî bir vitamindir. Namaz sıhhattir, huzur ve saadet kaynağıdır. Kılan herkes bunu derecesine göre hisseder.

Namaz insanı sıkıntılardan ve ızdıraplardan kurtarır. Namazın buna benzer sırlarını keşfetmiş olan İngiliz ilim adamı Bernard Show, "İki bin yılının Avrupalı doktorlarının reçetelerinde Müslümanların namazı yer alacak" demektedir.

Günümüz gençleri bunalım ve stresler içerisinde kıvranıp durmaktadır. Bunun sebebi Yaratıcısının mülkünde sayısız nimetlerinden faydalandığı halde O'nun emir ve yasaklarını tanımayan bir kaçaktan farksız bir halde dolaşıp durmaktadır. Namazsız insan, fıtratın sesine kulak vermeyen insandır. Midesini yemekle, suyla doyurduğu halde ruh ve kalbinin gıdası olan namazı kulak ardı ettiği için manen açlık çekmekte, kıvranmakta, sıkıntılardan sıkıntılara düşmektedir. Ancak bu dert ve sıkıntılardan ruh ve kalbini dinlemek, namazın şifa verici iklimine girmekle kurtulabilir.

Ebu Hüreyre'den (ra) rivayet edildiğine göre Resulullah (sav) şöyle buyurdu:

"Bir kimse camide cemaatle kıldığı namaz, işyerinde ve evinde kıldığı namazdan yirmi küsur derece daha sevaptır. Şöyle ki: Bir kişi güzelce abdest alır, sonra başka hiçbir maksatla değil sadece namaz kılmak üzere camiye gelirse, camiye girinceye kadar attığı her adım sebebiyle bir derece yükseltilir ve bir günahı bağışlanır. Camiye girince de namaz kılmak için orada durduğu sürece, tıpkı namaz kılıyormuş gibi bir sevap kazanır.

Biriniz namaz kıldığı yerden ayrılmadığı, kimseye eziyet etmediği ve abdestini bozmadığı müddetçe melekler:

— Allah'ım! Ona merhamet et!

— Allah'ım! Onu bağışla!

— Allah'ım! Onun tövbesini kabul et, diye ona dua ederler."[172]

Evde ve işyerinde cemaatle kılınan namaz, camide cemaatle kılınan namaz gibi değerli olmakla beraber tek başına kılınan namazdan elbette daha sevaptır. İşyerinde, daha yaygın ifadesiyle çarşı-pazarda kılınan namaz o kadar makbul görülmemiştir. Bir işyerinde mal alınıp satılırken genellikle yalan söylenir, insanlar aldatılır, çeşitli haksızlıklar yapılır. Bunlara bir de müşteriyi kaçırmama telaşı, malını satma arzusu eklenince, işyerlerinde gönül huzuruyla namaz kılmak iyice zorlaşır.

Efendimiz (sav) hadis-i şeriflerinde namaz kılmak üzere camiye gidecek kimsenin önce güzel abdest almasını istemektedir. Böylece abdest almak ifadesiyle, organların iyice yıkanması, abdestin sünnetlerine ve adaplara uyulması kastedilmektedir. Sonra da o kimsenin bir başka iş için değil, sadece cemaatle namaz kılmak için yola çıkması gerekmektedir. Yani ihlas ve niyaz tam olmalıdır.

Evimizin camiye uzak olması, camiye varıncaya kadar atılan her adım sebebiyle bir derece yükseltilmek ve bir günahı bağışlanmak imkânı verir. Efendimiz (sav) bu konuyu bir hadis-i şeriflerinde şöyle dile getiriyor:

"Namaz sebebiyle en çok sevap elde edenler, cemaate en uzak yerlerden yürüyerek gelenlerdir.[173]

Cemaatle kılınacak namazı beklemenin de ayrı bir sevabı vardır. İster camide, ister başka bir yerde namaz vaktinin gelmesini bekleyen kimse ibadet halindedir. Camide bekleyenlerin kârı hem ibadet ediyormuş gibi sevap kazanmak, hem de meleklerin duasını almaktır.

Allah Teâlâ'nın meleklerin dua ve niyazlarını kabul ederek kulunu mağfiret etmesi demek, onun günahlarını bağışlaması demektir. Kuluna rahmet etmesi ise ona bol bol ihsanda bulunması demektir.[174]

Ebu Hüreyre'den (ra) rivayet edilen bir hadiste Allah Resulü (sav) şöyle buyurmuşlardır:

"Nefsim yed-i kudretinde olan Allah'a ki, birçok odun yığdırayım, sonra da namaz için ezan okunmasını emredeyim de birine cemaate imam olsun diyeyim. Sonra o cemaati bırakıp namaza gelmeyen kimselerin üzerlerine gidip evlerini kendileri içerideyken yakıvereyim. Nefsim yed-i kudretinde olan Allah'a kasem ederim ki cemaatten bu geri kalanların hangisi burada semiz etli bir kemik parçası yahut iki tane güzel paça bulacağına aklı kesse hemen yatsıya gelir."[175]

Sevgili genç kardeşim! Cemaatle namazı koru, makul bir özrün olmadan onu bırakma. Yemek, içmek ve oyun, eğlence, dünyalık çıkarlar seni ondan ayırmasın.

GECELERİNİ İBADETLE GEÇİREN

"Resulullah Efendimiz (sav) şöyle buyurdu:
— Şüphesiz ki, cennette öyle odalar var ki, dışı içinden, içi de dışından görünür.
Bunun üzerine Ebu Mâlik el-Eş'ari (ra) sordu:
— O kimler içindir ya Resulallah?
Efendimiz (sav) cevap verdi:
— Güzel, nezih konuşan, yemek yediren ve insanlar uyurken kalkıp ibadet eden kimse içindir."[176]

Hz. Peygamber (sav) buyuruyor ki: "Farz namazlardan sonra en faziletli namaz, gece namazıdır"[177]

Farz namazlarından sonra insanı Allah'a en çok yaklaştıran ve ruhen arındırıp kemale erdiren ibadet şüphesiz ki gece namazı(teheccüd namazı)dır. Teheccüd: uyuduktan sonra kalkmak ve uyumak manasına gelir. Fıkhî terim olarak, gece bir süre uyuduktan sonra sırf ilahî rızaya nail olmak için kalkıp Allah (cc) için namaz kılmak, dua ve niyazda bulunmaktır.

Kur'an da teheccüd namazının faziletinden söz eder ve bu namaza devam edenleri öven ayet-i kerimede şöyle buyruluyor:
"Onlar, yanları döşeklerinden aralanıp Rablerine korkarak umutlanarak dua eder, yalvarırlar ve kendilerine rızık olarak verdiğimizden (Allah rızası için) harcarlar."[178]

Kendilerini imanlarının gereği olarak bu düzeye getiren mü'-

minlerin iki ayrı özelliğinden bahsediliyor: Herkes uyuduğu zaman onlar kulluğun derin manasını idrak ederek yataklarından kalkıp korku ile umut arasında gelişen bir duyguyla ibadet ederler. Allah'ın (cc) verdiği rızıktan da cimrilik duymadan harcarlar. Böylece kalbi, bedeni ve malî ibadeti birleştirip bütünleştirirler.

Gece bir süre uyuduktan sonra Cenab-ı Hakk'ın insanoğluna verdiği sayısız nimetlerin şükrünü eda etmek, kulluğun gereğini yerine getirmek ve nefis ile şeytanın fısıltı ve sinyallerini tesirsiz hale getirmek, kalpte ve ruhta karartı meydana getiren günah kirlerinden temizlemek için kalkıp güzel bir abdest alarak namaza duran kimse, cidden övülmeye layıktır. Bunlar gece uykusunun en tatlı vakitlerinde nefsini yenerek Âlemlerin Rabbine yöneldikleri için ahirette Cenab-ı Hak onlara seslenecek: "Geceleyin yanlarını döşeklerinden aralayıp ibadete kalkanlar nerede?" buyurarak ilahî iltifatıyla onları taltif edecektir.

Resulullah Efendimiz (sav) bu ilahî iltifatı şöyle açıklıyor:

"İnsanlar kıyamet günü toprak üzerine toplatılıp bir araya getirilecek. Sonunda bir çağrıcı şöyle seslenecek: 'Yanlarını yataklarından kaldırıp aralayanlar nerede?' Bu çağrı üzerine onlar az bir topluluk oldukları halde kalkarlar ve bir hesaba tabi tutulmadan cennete girerler. Onlardan sonra diğer insanların hesaba çekilmesi emredilir."[179]

Bunun içindir ki Resulullah Efendimiz (sav) gece uykusunu terk edip kalkar, ayakları şişinceye kadar namaz kılardı. Onun bu halini görenler "Ey Allah'ın Resulü! Allah (cc) sizin geçmiş ve gelecek günahlarınızı affedip bağışlamıştır, kendinize neden bu kadar eziyet ediyorsunuz" deyince O da, "Allah'a şükreden bir kul olmayayım mı?" diyerek kulluğun en güzel ölçüsünü bizlere göstermiştir.

Gece vakti, herkesin uykuda olduğu bir zamanda uyanıp gösterişten uzak, yalnız Allah rızası için yapılan ibadetin değeri, elbette ki gündüz, herkesin görebileceği bir zamanda yapılan ibadetlerden çok daha farklıdır. Bunun için hayatının her safhası bütün Müslümanlara örnek olan Hz. Peygamber (sav)[180], her gece kalkıp yüce Allah'a ibadet eder, ev halkını da uyandırır, böyle de yapılmasını kadın-erkek bütün Müslümanlara tavsiye ederdi. Nitekim şöyle buyurmuştur: "Gece vakti kalkıp ibadet eden ve eşini de uyandırarak onun da ibadet etmesini sağlayan, şayet kalkmak istemezse yüzüne su serperek uyandıran eşlere Allah rahmet eder ve günahlarını bağışlar."[181]

Hep biliyoruz ki; insan bazen uykuya daldıktan sonra, uykunun iyice çöktüğü bir zamanda kalkıp ibadet etmesi oldukça zor olur. Onu bu şekilde zor göstermek ve insanın kalkmasını önlemek de şeytanın aslî görevlerindendir. Müslüman'a düşen görev ise; Hz. Peygamber'in (sav) tavsiyesine uyarak şeytana, o şeytanî görevi yapmasına engel olmak, bunun sonucunda da gece vakti ibadeti için üşenmeden kalkmak, hatta bununla da yetinmeyip aile fertlerini de uyandırmak, şayet uyanmıyorlarsa, şeytanı sevindirmemek için her türlü çareye başvurmaktır. İnanılmalıdır ki; Müslüman aile içinde böyle bir bağlılık ve Yüce Allah'a ibadet konusunda böyle bir samimiyet oluştuğu takdirde; o ailede mutsuzluktan söz etmek mümkün olmaz. Çünkü mecbur olmadığı halde samimiyetle yüce Allah'ın huzurunda, nafile bir ibadet için boyun eğen ve bundan sevap bekleyen bir Müslüman, kesinlikle aile içinde bilerek huzursuzluğa sebep olacak bir iş yapmaz.

Hz. Peygamber'in (sav) gece ibadeti konusunda kadın erkek bütün Müslümanlara yönelik tavsiyeleri arasında şöyle buyrulmuştur: "Gece ibadeti için kalkmaya devam ediniz. Çünkü gece ibadeti, sizi Allah'a daha çok yaklaştırır, günahlardan sizi daha çok uzaklaştırır, yapmış olduğunuz günahları siler ve sağlıklı vücuda sahip olmanızı sağlar. Ayrıca bu, sizden önce yaşayan salih kulların da âdetlerindendir."[182]

Hz. Âişe'nin (r.anha) da bütün Müslüman hanımlara tavsiyesi aynı yöndedir. Nitekim Hz. Âişe'nin şöyle dediği rivayet edilmiştir: "Gece namazını terk etme. Çünkü Resulullah (sav) onu terk etmezdi. Hasta ve yorgun olduğu zaman oturarak kılardı."[183]

Bu konuda unutulmaması gereken husus da şudur: Gece namazı yüce Allah tarafından Hz. Peygamber'e (sav) açık bir ayetle emredildiği için[184] O'na farz hükmünde, fakat ümmetine nafile ibadet hükmünde kabul edilmiştir. Ancak nafile de olsa, Hz. Peygamber (sav) yapılmasını tavsiye ettiğine ve hatta ailesi ve yakınları üzerinde bunu fiilen uyguladığına göre, bütün Müslümanlar tarafından bu tavsiye dikkate alınmalıdır.

Bu konuda hiç kimse "Gece namazı, Peygambere emredilmiştir, benim kılmama gerek yoktur" diyemez. Çünkü bunu herkesten daha iyi bilen Hz. Peygamber (sav), bizzat kendisi aile fertlerine bu namazı emretmiş ve hatta uyanamayanları da değişik şekillerde uyandırmıştır. Hz. Peygamber'in (sav) yaşantısı ve uygulamaları da tüm Müslümanlar için birer emir niteliğinde kabul edildiğine göre; her Müslüman'ın bu uygulamaya ayak uydurması, Müslümanlığı yaşaması bakımından daha uygun olur.

Bu konuda Hz. Peygamber'in hayatındaki şu olay çok önemlidir: Bir gece vakti Hz. Peygamber (sav) kalkıp damadı Hz. Ali (ra) ile kızı Hz. Fâtıma'nın (r.anha) evlerine gidip kapılarını çalıyor. Önce hayret ediyorlar; gece yarısında kapılarını çalan kim olabilir diye. Hz. Peygamber olduğunu anlayınca kapıyı açıyorlar ve acaba önemli bir şey mi oldu diye merak ediyorlar. Fakat sonra anlıyorlar ki Hz. Peygamber (sav), gece ibadetine onları uyandırmak için gelmiştir. İslam Peygamberi onları uyandırdıktan sonra kendi evine dönmüş ve uzunca bir vakit gece namazım kılmıştır. Daha sonra tekrar Hz. Ali ile Hz. Fâtıma'nın evine gitmiş. Aslında onları uyandırmıştı fakat onların kalktıklarına dair bir işaret görmediği için kalkamamış olmaları ihtimali ile tekrar onları uyandırmaya gitmiş ve bu sefer yüksek sesle seslenerek, "Kalkın, ikiniz de namaz kılın"[185] buyurmuş ve kalktıklarından emin olduktan sonra evine geri dönmüştür.

Hz. Peygamber'in (sav) evli olan kızına ve damadına karşı bu uygulaması; aslında günümüzde farz olan sabah namazına bile bazı bahanelerle evlatlarını uyandırmaya kıyamayan bazı anne ve babaları derinden düşündürmeli ve İslam dinini yaşama konusunda ne denli ihmalkâr davranıldığını göstermelidir. Oysa Hz. Peygamber'e (sav) göre, sabah namazım ihmal etmek bir yana, gece namazı ve ibadeti bile terk edilmemelidir.

Genç kardeşim! Unutmayalım ki, gözlerin ve gönüllerin uykuda olduğu bir zamanda, gecenin derinliklerinde ister namaz kılarak, ister zikir ve dua yaparak, isterse Kur'an okuyarak zamanının bir bölümünü bu tür ibadetlerle geçiren Müslüman, şeytana karşı savaşını kazanmış ve umulmadık bir şekilde ertesi güne daha zinde ve daha canlı bir şekilde başlamış olur.

Nitekim Hz. Peygamber (sav) şöyle buyurmuştur: "Herhangi biriniz uyuduğu zaman şeytan onun ense köküne üç düğüm atar ve her bir düğümü attığı yere, 'Gecen uzun olsun, yat uyu' diye eliyle vurur. Şayet o kimse gece kalkarak Allah'ı anarsa, düğümlerden biri çözülür. Ardından abdest alırsa, bir düğüm daha çözülür. Bir de namaz kılarsa, şeytanın attığı bütün düğümler çözülür ve böylece huzurlu bir şekilde sabahlar. Şayet gece ibadetine önem vermez ve kalkmazsa, ertesi gün yorgun ve uyuşuk bir şekilde sabahlar."[186]

Bunun için olmalıdır ki Hz. Peygamber (sav) "Farz namazlardan sonra en faziletli namaz, gece namazıdır"[187] buyurmuştur.

Bu noktada bir uyanda bulunmadan da geçmemek gerekir. O da gece ibadeti sebebiyle sabah namazının kaçırılmaması konusudur. Hz. Peygamber'in (sav) uygulaması ve tavsiyesine göre gece namazı, zorunlu bir mazereti bulunmayan Müslümanlar tarafından elbette kılınmalıdır. Fakat gece namazı sebebiyle de sabah namazı ihmal edilmemelidir. Bunun için gerek namaz ve gerekse dua şeklindeki gece ibadeti, sabah namazına kalkılabilecek şekilde yapılmalıdır. Çünkü sabah namazı farzdır, gece ibadeti ise nafiledir. Nafile için farz terk edilmemelidir. Bu sebeple gece ibadeti için kalkan kimse, sabah namazına da kalkabilecek şekilde kendini ayarlamaya dikkat etmelidir.

Diğer taraftan, evinin geçimini temin etmek için bütün gün başkasının emrinde çalışmak zorunda olan Müslüman da, şayet gece namazına kalktığı takdirde gündüz yapacağı işleri aksatacak, hatta belki de işinden olabilecekse; onun için gece namazı zorunluluğu olmasa gerektir. Çünkü bu durumda Hz. Peygamber'in (sav) bu yöndeki ifadeleri, farz niteliğinde kesin birer emir değil, birer öğüt niteliğini taşır. Ancak kendi işini yapan Müslüman'ın, işini ve uykusunu ona göre ayarlaması daha uygun olur. Evinin işlerini yapan bir Müslüman ev hanımı da zamanını ona göre ayarlamaya çalışmalıdır.

Genç kardeşim! Yaşantınla insanlığın efendisi Hz. Peygamber'in (sav) ve O'nun kutlu yolundan giden değerli geçmişimizin yaşantısına benzemelisin. Günahları silen, pek çok beden hastalığını engelleyen ve insanı Allah'a yaklaştırıp manevî derecesini yücelten gece ibadetini sakın ihmal etme. Bu arada gece ibadetinin nafile bir ibadet olduğunu unutma ve gece ibadeti sebebiyle farz olan sabah namazını geçirme.

Hz. Peygamber'e (sav) uyarak, aile fertlerini de gece namazına uyandırmaya çalış. Çünkü gece namazının, farz namazlardan sonra en faziletli namaz olduğunu unutma.

Ancak özellikle gençlerimiz mazereti olmadığı halde gece namazına kalkma konusunda ihmalkâr davranıyorsa; yine de onu kırmayacak bir yaklaşımla ve onun hoş göreceği bir dil ile uyandırmaya çalış. Aksi halde, bir nafile ibadeti yapmak için çaba gösterirken, farz olan ibadetlerden nefret ettirmiş olabilirsin.

Genç kardeşim! Unutma ki, her konuda olduğu gibi, bu konuda da daima uyumlu ve ılımlı davranmalı, fakat kesinlikle hak bildiğin doğrulardan da şaşmamalısın.[188]

ORUÇ TUTAN

Ashab-ı kiramdan Ebu Ümame (ra) anlatıyor:
"Peygamber Efendimiz'e (sav) dedim ki:
— Bana hayırlı bir amel emret!
— Oruç tut, çünkü oruca denk bir ibadet yoktur, buyurdu.
Ben yine;
— Ya Resulallah! Bana bir amel ile emret, dedim.
-Oruca gerekli ol, çünkü onun bir dengi daha yoktur, buyurdu."[189]

Resulullah Efendimiz (sav) şöyle buyurmuştur:
"Aziz ve Celil olan Allah buyurdu:
— Âdemoğlunun her ameli kendisi içindir, ancak oruç müstesna. Çünkü o benim içindir ve ben onun karşılığını veririm. Oruç (manevî) bir kalkandır. Sizden biriniz oruç günü olunca edep ve terbiye dışı söz ve davranışta bulunmasın, bağırıp çağırmasın. Biri ona dil uzatıp söverse veya onunla vuruşursa 'Doğrusu ben oruçluyum, ben oruçluyum' desin. Muhammed'in canı kudret elinde tutan Zat'a yemin ederim ki, oruçlunun ağız kokusu Allah yanında misk kokusundan daha güzeldir. Oruçluyken iki ferahlık vardır ki, onlarla sevinir: İftar edince, iftarıyla sevinip ferahlık duyar. Rabbine kavuştuğunda, orucuyla ferahlık duyar..."[190]

Diğer bir rivayette ise şu cümlelere yer verilmiştir:

"Oruçlu yeme ve içmesini, şehvetini benim için terk eder. Oruç benim içindir. Onu ben mükâfatlandırırım ve her iyilik on misliyle karşılık görür."

Her amelin ecri ve mükâfatı az veya çok belirlenip Allah (cc) kullarına bildirmiştir. Ancak orucun sevabını belirlemeyip Allah (cc) yanında tutulmuştur. Çünkü onun mükâfatı çok büyüktür.

Oruç kişiyi hayâsızlıktan, günahtan, aşırılıktan, haramdan ve zinadan koruyan, nefis ve iblisin oklarına karşı koruyucu olan bir kalkandır.

Kendisine ağır söz söyleyen, dil uzatanlara karşılık vermemesi ve vuruşmak isteyenlere en susturucu cevap olarak "Doğrusu ben oruçluyum, ben oruçluyum!" demesi gerekir.

Hayatta nefsi terbiye edip disiplin altına alan, ruhla beden arasında denge kuran, kalbi merhamet duygusuyla dolduran, vicdanı insanlıktan yana geliştiren, iç ve dış organları günah kirlerden koruyan ibadetlerden biri belki de en başta geleni oruçtur.

Yeme, içme, uyuma ve benzeri ihtiyaçlar, nefsi tatmin etmeye yönelik isteklerdir. Kalbi zikirle, şükürle, namaz ve oruçla süslemek, ruhu tatmin eden ihtiyaçlardır. Nefsimizin arzularına cevap verdiğimiz kadar; ruhumuzun arzu ve isteklerine de cevap vermek zorundayız. Aksi halde ruhumuz varlığını, ebediliğini ilahi kudretin bir tezahürü bulunduğunu inkâr etmiş oluruz ve aynı zamanda kendi içyapımızda kendimizi dengesizliğe iteriz. Bu da, bizi insanlık şeref makamından indirir, basit mahlûklar seviyesine düşürür.

Onun için Âdem Peygamber'den son peygamber Hz. Muhammed'e (sav) kadar gelip geçen bütün peygamberlere, namaz, zekât ve oruç emredilmiştir.

İnsanı her yönüyle terbiye edip yönlendiren oruç, Allah'ın kullarına olan geniş rahmetinin bir eseridir. Dünyada sıhhat, afiyet, huzur ve güven; ahirette saadet ve büyük mükâfat vardır. Abdullah b. Ömer'den (ra) Resulullah Efendimiz (sav) şöyle buyurdular:

"Doğrusu oruçla Kur'an, kıyamet gününde kul için şefaatçi olurlar.

Oruç der ki:

— Ey Rabbim! Ben bu kulu yemek ve şehvetten alıkoydum. Onun için şefaat etmeme izin ver.

Kur'an der ki:

— Ben bu kulu geceleyin uykudan alıkoydum, onun için şefaat etmeme izin ver."

Resulullah (sav) devamla buyurdu ki: "Oruçla Kur'an böylece şefaat ederler."[191]

Ne mutlu o şefaate eren gençlere...

SABAHLARI ERKEN KALKAN

Hz. Muhammed'in (sav) kızı Fatıma'dan (ra) şöyle rivayet ediliyor:

"Sabah namazı vaktinde ben uykuya dalmışken Resulullah (sav) yanımdan geçti, mübarek ayağıyla beni dürterek:

— Ey kızım kalk, Rabbinin taksim ettiği rızkından nasibini al ve gafillerden olma. Çünkü Allah (cc) insanların rızkını şafak ile güneş doğuşu arasında taksim eder, dedi."[192]

Efendimizin (sav) bu hadis-i şeriflerinden maddî ve manevî rızkın zamanının seher vakti olduğu anlaşılmaktadır. O zaman ibadetle meşgul olmak şartıyla uyanık bulunmak her Müslüman için gereklidir. O zamanı gaflete dalmış olarak geçirenlerin vay haline. Güneş doğuncaya kadar uykuda kalan zerre kadar imanı varsa hem maddî, hem manevî rızıktan mahrum olur. Böyle olduğuna inanmak gerekir.

Resulullah (sav) "Münafıklar için en ağır namazın sabah ve yatsı namazlarıdır" buyuruyor.

İslam âlimleri, sabah namazını kişinin iman terazisi olarak nitelendirmektedirler. Kırk gün hiç ara vermeksizin sabah namazını eda eden bir kimsenin bir daha namazlarını terk edemeyeceği belirtilmektedir.

Efendimiz (sav) bir başka hadis-i şeriflerinde şöyle buyurmaktadır: "Nasibinizi aramak için sabahın erken saatinde kalkınız. Çünkü erkencilik bereket ve zaferdir"[193] buyurmuştur.

Efendimizin (sav) ifadesiyle: "Sabah namazının sünneti, dünyadan ve içindekilerden daha değerlidir." Az bir dünya malı için günlerce uykusuz kalmayı göze alan bir insan, dünyadan ve içindekilerden daha kıymetli olan sabah namazını kılmaktan yarım saatlik uykusunu feda etmiyorsa aklını ve kalbini sorgulaması gerekir.

Sabah namazı, nefse karşı kazanılan bir cihattır. Sabah namazının mücahitleri de Cenab-ı Hak tarafından takdir edilir, büyük bir mükâfatla taltif edilirler (ödüllendirilirler).

Cenab-ı Hak şöyle buyurur: "Gündüzün güneş dönüp gecenin karanlığı bastırıncaya kadar belli vakitlerde namaz kıl ve özellikle sabah namazını! Zira sabah namazı şahitlidir."[194]

Rabbimiz sabah namazına o kadar ehemmiyet vermiş ki, "Belirli vakitlerde namaz kıl" dedikten sonra ayrıca "Sabah namazını da kıl" diye emrediyor. Ondan sonra da "Sabah namazında gece ve gündüz melekleri hazır bulunur" diyor.

Yani meleklerin bu namaza şahitlik ettiğini söylüyor. Şahitleri melekler olan bir amel, elbette çok kıymetlidir.

Cenab-ı Hakk'ın meleklerinin şahit tutmasına hiç ihtiyacı yoktur, ama insanlara verdiği kıymet ve sabah namazına verdiği ehemmiyeti göstermek için melekler orada hazır bulunduruyor.

Meleklere de "Bakın benim öyle kullarım var ki, tatlı uykularını feda ederek Benim için namaza kalkıyorlar" diyerek kulları ile iftihar ediyor.

İyi bir iş yapan insan, yaptığı işin başkaları tarafından da görülmesini ve takdir edilmesini ister. Kendisini seyredenlerin alkışları onun hoşuna gider. Bu takdir edici seyirciler, yüksek makam sahipleri ise, o insan yaptığı işten daha fazla zevk alır, daha çok mutlu olur. Sabah namazında, Rabbinin huzuruna çıkan bir insan, hayalen Asr-ı Saadet'e gitse, önünde Allah Resulü (sav), sağında Hz. Ebubekir, solunda Hz. Ömer (ra) ve diğer sahabeler olduğu halde, namaz kıldığını düşünse, bu sırada meleklerin de orada hazır bulunarak o hâli seyrettiklerini hayal etse, o namazın zevki ve lezzeti, elbette dünyalara değişilmez.[195]

Meleklerin şahit olduğu, meleklerin seyrettiği bir namaz kılmak istersek o halde sabah namazını kaçırmamalıyız. Düşünün, tekbir alıyorsunuz, melekler şahit, rûkua gidiyorsunuz melekler şahit, secde anındasınız yine melekler şahit. Zikrediyorsunuz Rabbinizi, salat ü selamlar gönderiyorsunuz Peygamberinize ve yine melekler yanınızda hazır ve şahit.

Sevgili gençler! Sabah namazlarını eğer kılıyorsanız, bu ayeti hatırlayarak, seher vakitlerini daha bir bilinçli idrak edelim. Eğer ki, ihmal ediyorsanız, bugünden tezi yok, beynimizi ve kalbimizi "sabah namazı vakti"ne ayarlayalım.

Sonuç olarak Müslüman bir genç sabah vakti güneş doğmasından bir saat önce uyanmalı ve yatağından kalkarken "Ölüme benzeyen uykudan sonra beni tekrar hayata döndüren Allah'a (cc) hamdolsun, öldükten sonra dönüş yine O'nadır" ve "Allah'ım benimle veya mahlûkatından herhangi biriyle hangi nimet sabaha ermişse bu Sendendir. Sen birsin, ortağın yoktur, hamdler Sanadır, şükran Sanadır" demelidir.[196]

Müslüman genç yatağından kalkarken kabrinden hesap ve ceza için kalkar gibi olmalıdır. Çünkü uyuyanın hali ölünün haline benzer. Uyanmak ise öldükten sonra dirilip kalkmak gibidir. O halde ibretle düşünmeli, böylece Allah Teâlâ'nın emirlerini vaktinde yapmalı ve yasaklarına dalmaktan kurtulmalıdır.

KUR'AN OKUYAN VE ONUNLA AMEL EDEN

Peygamber Efendimiz (sav) şöyle buyurdular:
"Kim Kur'an okur da onu ezberler ve hükümlerine bağlı kalır ve Kur'an'ın helal kıldığını helal sayar, haram kıldığını haram sayarsa, Allah onu Kur'an sebebiyle cennete sokar ve kendisine ev halkından cehennem ateşini hak etmiş on kişi hakkında şefaatte bulunma izni verilir."[197]

Kur'an okuyan ve onunla amel eden kimse yalnız kendini kurtarmış olmaz, yakın ve dostlarından da on kadarının kurtulması için kendisine şefaatte bulunma izni verilir. Çünkü Kur'an ona şefaat öderken, o da ondan aldığı feyiz ve nur ile başkasının kurtulmasına sebep olur. Bu, dünyada da ahirette de böyledir. Evinde Kur'an okunup amel edilen bir kimse, önce kendi içini, sonra evini ve ailesini feyiz ve bereketle, rahmet ve inayetle doldurmuştur. Sonra da çevresine huzur ve rahmet olma düzeyine gelir. Ahirette ise bu güzel ameline karşılık şefaat dâhil birçok kerametler lütfedilir.

Bilindiği gibi nafile ibadet, hem boş vakti değerlendirmeye, hem de farz ve vacip ibadetlerde meydana gelen açıklık ve kusurları tamir etmeye yöneliktir. Özellikle yaşlanıp işten güçten kesilen mü'minlerin son günlerini ibadetle geçirmeleri, nafile ibadete ağırlık vermeleri kaçırılmayan fırsatlardan biridir. Ama bundan daha büyük ve daha feyizli fırsat ise, her sabah kalkıp Kur'an'dan birkaç ayet ezberleyip manası üzerinde durmak ve ilimden bir mesele öğrenmek suretiyle bilgiyi artırmaktır. Kur'an kalbi ve ruhu, ilim kafayı aydınlatır, insanı cehaletten kurtarıp onu ruhunun yüceliğine yakışan dereceye yükseltir.

Bunun için Resulullah Efendimiz (sav), Ebu Zer el-Gıfarî'ye öğüt verirken şunları da tavsiye buyurmuştur:

"Ya Eba Zer! Sabahleyin kalkıp Allah'ın kitabından bir ayet öğrenmen, senin için yüz rekât (nafile) namaz kılmandan hayırlıdır. Yine sabah kalkıp ilimden bir bab öğrenmen –onunla amel adilsin edilmesin– senin için bin rekât (nafile) namaz kılmandan hayırlıdır."[198]

Ashab-ı kiramdan Ebu Said el-Hudrî (ra) gözlerimizi yaşartan şu rüyayı anlatmıştır: "Rüyamda Sad Suresi'ni yazıyordum. Secde ayetine geldiğimde orada bulunan ne varsa, divit ve kalem dâhil olmak üzere hepsi secdeye kapandı. Sabah olunca gördüğüm bu rüyayı gelip Resulullah Efendimize (sav) anlattım. Resulullah Efendimiz (sav), ne kadar o ayeti okuduysa mutlaka o da secdeye kapanırdı.

Çünkü varlık âleminde her şey yaratıldığı kanununa bağlı kalıp Hakk'ı tesbih ve tenzih etmektedir. Ama biz onların (tesbihini anlayamıyoruz. Nitekim Resulullah Efendimiz (sav), Mekke dışına çıkınca karşılaştığı her cisim kendisine selam verirdi. Avucuna aldığı çakıl taşlarının kelime-i şehadet getirdiğini Hz Ali (ra) birkaç defa kulaklarıyla işitmiştir. O halde cansız denilen varlıklar hakkında pek az şey biliyoruz, demektir.

Bütün bu sahih rivayetler, emirler, tavsiyeler ve ilhamlar, Kur'an okumanın, okutmanın ve onunla amel etmenin büyük ecirlere, tükenmez sevaplara, feyiz ve bereketlere, nur ve irfanlara sebep olacağını ifade etmektedir.[199]

Ebu Ümame (ra) anlatıyor:

"Ben Resulullah'ı (sav):

— Kur'an okuyunuz. Çünkü Kur'an, kıyamet gününde kendisini okuyanlara şefaatçi olarak gelecektir, buyururken işittim.[200]

Kur'an'ı okumakla aslolan onu anlamak, ilmine, bilgisine ve mantığına sahip olmaksa da, sadece metnini okumak dahi bir ibadet olup, pek çok sevabının olduğu Resul-i Ekrem'in hadislerinde beyan buyrulur. Çünkü Kur'an Allah kelamıdır; onu okuyan Allah'la konuşuyor hükmündedir ki, bunu önemsememek sözkonusu olamaz.

Kur'an'ın kıyamet gününde şefaatçi olarak gelmesi, onun emirlerini ve nehiylerini yerine getiren kimselere Allah'ın rahmeti ve merhametiyle muamelede bulunmasıdır. Kur'an'ı ibadet kastıyla, hayrını ve bereketini umarak okumak da sevabı ve mükâfatı olan güzel amellerden biridir. Kur'an, kendisini okuyana ve hükmüyle amel edene lehte şahitlik edecek ve o kişinin günahlarının affı için Allah'la o kul arasında aracılık yapacaktır. İşte bu aracılık şefaattir.

Sevgili genç kardeşim! Unutma ki, Kur'an okumaktan maksat, öncelikle onun emir ve yasaklarına uymaktır. Fakat sadece okumanın da sevabı ve mükâfatı vardır. Kur'an kendisiyle amel edenlere ve inanarak ibadet kastıyla okuyanlara kıyamet gününde şefaatçi olacaktır.[201]

HER ZAMAN VE HER DURUMDA ALLAH'I ZİKREDEN

"Bir gün Resulullah Efendimiz (sav) ashabına dönerek sordu:
— Size, hükümdarınız yanında en hayırlı, en temiz ve nezih, dereceleriniz bakımından en yüksek, altın ve gümüş infak etmenizden daha iyi, düşmanla karşılaşıp siz onların, onların da sizin boynunuzu vurmanızdan daha faziletli amellerinizden haber vereyim mi?

Ashab-ı kiram da:
— Evet, ya Resulallah, dediler. Buyurdu ki:
— Allah'ı zikretmektir."

Muaz b. Cebel (ra) diyor ki: "Hiçbir şey Allah'ı zikretmekten daha çok insanı Allah'ın azabından kurtarıcı değildir."[202]

Allah'ı anmak ibadettir. Sevgi ve korku arasında Âlemlerin Rabbine yönelip güzel isimleriyle zikretmek en faziletli amellerdendir. Allah'ı anmak, nefis ve şeytan esaretinden kurtulmanın yolu ve değişmeyen çaresidir. Bunun için başta Sevgili Peygamberimiz Hz. Muhammed (sav) olmak üzere bütün peygamberler ömürleri boyunca gece ve gündüz Allah'ı anarak, O'na yönelip yaklaşmaya çalışarak ve hayatlarını bu hava içinde değerlendirmişlerdir. Çünkü onlar, Allah'ın insanları kendisini bilip tanımaları, kulluk ve ibadet etmeleri için yarattığını çok iyi biliyorlardı. Bu bakımdan mü'minlerin dinî konularda, Allah (cc) hakkında bilgileri ne kadar derinse, zikir ve ibadetleri de o nispette artar.

Bir insan için en büyük bahtiyarlık, Allah'ın onu en yakın meleklerine andırması, ondan razı olduğunu bildirmesidir. Şüphesiz ki Allah'ın rıza mertebesi, hem dünyada hem ahirette mertebelerin en yücesidir. Çünkü O, kulundan razı olduktan sonra geriye bir tehlike kalmıyor. O'nun hoşnutluğuna erişmenin, katında anılmanın yolu farz ibadetleri yerine getirmek ve O'nu gönülden severek anmaktır. Dinimizde buna zikir ve zikrullah denir.

Allah'ı çokça anıp kalbi O'nunla meşgul kalmak kadar güzel bir ibadet düşünülebilir mi?

Hz. Peygamber (sav) buyuruyor ki:

"Yüce Allah'ı tesbih etmeyi, O'nu yüceltmeyi ve 'La ilahe illallah' diyerek O'ndan başka bir ilah olmadığını tekrar etmeyi ihmal etmeyin."[203]

Sevgili genç kardeşim! Unutma ki Müslüman her zaman Müslüman'dır. Gece, gündüz, evde, çarşıda, işyerinde, otururken, yatarken, çalışırken, konuşurken; her zaman ve her durumda Müslüman'dır. Sen de her zaman Müslüman olduğunu unutma. Yaşarken Müslüman olarak yaşa, ölürken de Müslüman olarak ölmeye çalış.

Efendimiz (sav) bir hadis-i şeriflerinde şöyle buyuruyor:

"Uyumak için yatağına girdiğin zaman tekrar edeceğin bir duayı sana öğreteyim. Şayet o gece ölürsen, Müslüman olarak ölürsün; ölmeyip de sabaha kalkarsan, hayırlı bir şekilde kalkarsın.

De ki: 'Allah'ım! Canımı Sana teslim ettim. Yüzümü Sana çevirdim. Her türlü işimi Sana havale ettim. Senden yalnız Sana sığındım. Bütün kalbimle indirdiğin kitaba ve gönderdiğin peygambere inandım.'"[204]

Her gece yatağa girerken bu duayı okumayı unutma. Gündüzleri de uyanıkken Allah'ı anmaktan, O'nu tesbih etmekten geri durma. Nitekim Hz. Peygamber (sav) Müslümanlara özel olarak şöyle buyurmuştur:

"Yüce Allah'ı tesih etmeyi, O'nu yüceltmeyi ve 'La ilahe illallah' diyerek O'ndan başka bir ilah olmadığını tekrar etmeyi ihmal etmeyin. Bunun için de (yüce Allah'ı tesbih ederken dilinizi kullandığınız gibi) gerektiğinde parmaklarınızı da kullanın. Çünkü parmaklar da yeri geldiğinde (kıyamet gününde) yaptıklarınıza şahitlik edeceklerdir. Sakın Allah'ın rahmetinden gafil olmayın."[205] O'nu unutmayın. O'nun sizin üzerinizdeki nimetlerini hatırdan çıkarmayın. Sizi yaşatanın, size her türlü rızkı verenin, sonunda sizi hesaba çekecek olanın Allah olduğunu sıkça tekrarlayın ki dünya meşgalesine dalıp O'ndan uzak kalmayasınız.

Sevgili genç kardeşim!

Kalbin şayet seni yaratan Rabbine bağlanırsa; ister istemez diğer organların da Allah'a itaat konusunda kalbine uyacaklardır. Böyle olunca da mesela göz Allah'ın haram kıldığına bakmayacak, kulak Allah'ın gazabını çeken şeyleri dinlemeyecek, dil de hiç bir zaman Allah'ı anmaktan geri durmayacaktır. Allah'ı tesbih edip anarken dil ile beraber parmaklar da tesbih görevi ile meşgul olursa, kıyamet gününde diğer organlarla birlikte parmaklar da sahibinin, dünya hayatındayken Allah'ı anmakla zamanını geçirdiğine şahitlik edeceklerdir.

Haramlar işlenirken de aynı şekilde harama iştirak eden organlar insanın aleyhine şahitlik edeceklerdir. Mesela el, ayak, göz, kulak gibi organlar, Allah'a karşı gelme ve haramları işleme konusunda iç dürtülere ortak olurlarsa; zamanı geldiğinde onlar da o konularda aleyhte şahitlik edeceklerdir. Nitekim Yüce Allah şöyle buyurmuştur: "İşlemiş oldukları günahtan dolayı dilleri, elleri, ayakları kendi aleyhlerine o gün (kıyamet günü) şahitlik edeceklerdir."[206]

Diğer bir ayette de şöyle buyurmuştur "Allah'ın düşmanlarının, toplanıp yığın yığın cehenneme götürülecekleri günü unutma. Zira o gün cehenneme vardıklarında, kulakları, gözleri ve derileri, yapmış oldukları işler hakkında, kendileri aleyhine şahitlik edeceklerdir."[207]

Sonuç olarak, seni yaratan ve her türlü nimeti veren yüce Allah'ı her zaman tesbih etmeyi unutma. Otururken, çalışırken, uzanırken, gece, gündüz her durumda Müslüman olduğunu hatırla ve seni Müslüman olarak yaratan Yüce Allah'ı anmaya dilini alıştır. Dilinle yaptığın bu zikri de kalbine yerleştirmeye gayret et. Çünkü sadece dille yapılan ve kalbe yerleşmeyen zikrin faydası olmaz.

Sakın bazılarının ileri sürdüğü gibi, dille hiçbir eylemde bulunmadan kalp temizliğinden söz etme. Çünkü kalpte ne varsa, dış organlar onu yapar.

Dilini, kulağını ve diğer organlarını hep iyi şeyler yapmaya alıştır ki, kıyamet gününde onlar da sana iyi yönde şahitlik etsinler.[208]

Allah'a ve ahiret gününe iman eden insan için hayatın ona ve nihai gayesi Allah'tır, emirleri ve yasaklarına itaat ederek O'na yönelmektir, gerçek mü'min kulları için hazırladığı cennet ve rıza nimetlerine ermektir. Hayatımızın gayesi olduğu için biz O'nu zikretmekle yükümlüyüz. Allah'ın her bir emrine itaat, her bir yasağından sakınma şüphesiz bir zikirdir. Helalleri haramlara tercih etmek bir zikirdir. İlahî rıza için yapılan her bir hayır da bir zikirdir.

Biz Rabbimizi zikrin her bir çeşidiyle anarken özellikle dilimizle ve kalbimizle de zikredeceğiz. Çünkü O'nu zikretmek O'nun emridir:

"Ey iman edenler! Allah'ı çok çok zikredin."[209]

Allah'ı zikir, ibadetlerin özüdür.

Allah'ı zikir, kalplerin temizliği, gönüllerin nuru ve ruhların huzurudur. Üstün idrak olan irfanın kaynağıdır.

Allah'ı zikir, vücutların kuvveti, ruhların nefesi ve yüzlerin güzelliğidir. Kulun vakarı ve mehabetidir.

Allah'ı zikir, ilahî marifet ve muhabbet sermayesidir. O'nu anmak deva, O'ndan gayriyi sürekli anmak derttir.

Allah'ı zikir, imanın gücüdür. İslam'ı yaşamayı kolaylaştıran amildir.

Allah'ı zikir, elemleri, bunalımları giderir. Kalbin katılığı ve gafletini izale eder. Ona hayatiyet verir.

Allah'ı zikir, Allah'ı razı eder. O'nu görür gibi ibadete yol açar, O'na yaklaştırır.

Allah'ı zikir, dil afetlerinden korur, günahları eritir, azaptan kurtarır.

Allah'ı zikir, ibadetlerin en kolayı fakat en faziletlisidir. Onunla sağlanacak sevapları ve ihsanları başka amellerle sağlamak mümkün değildir.

Allah'ı zikir, Allah'ı sevmenin ve O'nun tarafından sevilmenin alametidir, zevklerin en lezizidir. Fakire de istemeden nimetleri yağdırtır.

Allah'ı zikir, öyle bir nimettir ki, onun sağladığı bereketler ancak yaşanır, layıkıyla anlatılamaz. Zira Allah'ı zikredenin fikri de gayesi de O olur.

Allah'ı zikrin en iyisi de devamlı ve pek çok olanıdır.

Allah'ı zikir, böylesine yüce olunca elbette ki zikredenler de yüce olur.

Kur'an-ı Kerim'de gerçek mü'minler tanıtılırken şöyle buyrulmaktadır;

"Hakiki mü'minler Allah anılınca kalpleri ürperenlerdir."[210]

Hayatının her anı ve safhasında devamlı olarak Allah'ı zikretmenin bizlere örneklerini sunan Peygamberimiz (sav) de Allah'ı (cc) zikredenler için şöyle buyurmaktadır:

"İnsanların en üstün derecelisi Allah'ı zikredenledir."[211]

Allah'ı zikredenlerin üstünlüğünü ve alacakları mükâfatın büyüklüğünü de bizzat Allah'ımız şöyle açıklamaktadır.

"... (fiilleri, dilleri ve kalpleriyle) Allah'ı zikreden erkekler ve kadınlar (yok mu?) Allah onlar için mağfiret ve pek büyük bir mükâfat hazırlamıştır."

Abdullah b. Busr (ra) rivayet ediyor:

"Çölde yaşayan bir sahabi Allah'ın Resulü'ne şöylece ricada bulundu:

— Ya Resulallah! (Yapmakla emrolunduğum ve öğütlendiğim) İslamî ameller gerçekten bana (ağır gelecek kadar) çoğaldı. Devamlı olarak yapabileceğim bir ameli bana tavsiye buyur(sanız).

Allah'ın Resulü şu öğüdü verdi:

— (Allah'ı çokça an.) Dilin Allah'ın zikriyle yaş olmakta, O'nu anmakta devam ededursun. (Zira dünya ve âhiret hayrı Allah'ı zikretmektedir.)"[212]

Muaz b. Cebel'in (ra) rivayetine göre:

"Resulullah Efendimizle (sav) en son konuşmak şu oldu: Kendisine dedim ki:

— Ya Resulullah! Amellerin hangisi Allah yanında daha çok sevimlidir?

Şöyle buyurdu:

— Dilini Allah'ı anmaktan ıslak bulunduğu halde ölmen..."

Evet, her şeyin bir cilası ve arındırıp parlatıcısı var. Kalplerin cilası ise Allah'ı (cc) zikretmektir.

ÖFKESİNİ YENEN

Ebu Hüreyre'den (ra) rivayet edildiğine göre:
"Bir adam Peygamber Efendimize (sav):
— Bana öğüt ver, dedi. Peygamber (sav) ona:
– Öfkelenme, buyurdu.
Adam isteğini bir kaç defa tekrarladı. Peygamber (sav) de:
— Öfkelenme, buyurdu."[213]

Öfke insanda yaratılışından var olan, gerekli bir duygudur; ama yenmeyi bilmek gerekir. Peygamberimizin (sav) "Öfkelenme" sözünün manası, öfkeni ortaya çıkarma, demektir. Çünkü insanın öfkeden tamamen kurtulması imkânsızdır.

Kızgınlığın kontrol edilememesi durumunda, insanların kendilerini "güçlü bir duygunun kölesi" gibi hissettiklerini belirten psikologlar, kızgınlığın hafif bir rahatsızlıktan yoğun bir öfke ve hiddete kadar değişen bir duygu olduğunu belirtiyorlar.

Kızdığımız zaman kalp atışlarımızın hızlandığı, soluk alıp verişlerimizde artış gözlendiği, tansiyonumuzun çıktığı ve daha çok salgılanan adrenaline bağlı olarak enerjimizde bir artış olduğu uzmanlarınca ifade edilir.

Öfke insanda tabii bir duygu olduğuna göre onun oluşumunu engelleyemeyiz; ama ifade tarzını ve bu duyguya yol açan düşünce biçimimizi kontrol edebiliriz. Önemli olan öfkenin varlığını kabul etmek ve davranışlarımızı kontrol edebilmektir.

Kızmak ve öfkelenmek insanın doğal dengesini bozar, şayet aşırı ise insanı telafisi zor bazı söz ve davranışlara itebilir. Öfkeliyken verilen kararlar kişiyi sağlıklı sonuçlara götürmez. İşte bu sebeple Peygamberimiz (sav) öfkeyi hoş karşılamamış, muhtelif hadislerde öfkeyi yenmek için birçok tavsiyede bulunmuştur. Kişi ayakta ise oturması, oturuyorsa kalkması ve abdest alması gibi kişinin durumuna göre değişen bazı tavsiyelerde bulunmuştur.

Peygamberimiz (sav) bir hadislerinde şöyle buyurmuşlardır: "Aman ha öfkeden sakının. Zira öfke insanın içinde yanan bir kordur. Sizden biriniz kızdığı zaman gözleri nasıl kızarır ve damarları nasıl kabarıp şişer görmediniz mi? Şayet biriniz kendisinde öfke belirtileri hissederse uzansın veya yere otursun."[214]

Yine Efendimiz (sav) şöyle buyurmuştur: "Kızgınlık şeytandandır. Şeytan da ateşten yaratılmıştır. Ateşi ise söndüren sudur. Öyleyse sizden biri kızınca abdest alsın."[215]

Ebu Zer el-Gıfarî (ra) şöyle demiştir:

"Allah Resulü (sav) bize şöyle demişti:

— Sizden biriniz kızdığı zaman ayakta ise otursun. Şayet öfkesi geçmezse, uzansın."[216]

Özellikle sosyal işlerle ilgili hususlarda öfkeden uzak durmak gerekir. Yani Müslüman her ne yaparsa Allah rızası için yapar. Kızmak da sırf Allah rızası için ve ölçülü ise, o zaman yerilmez, bilakis övülüp kabul görür. Yani Allah için sevmek, Allah için buğzetmek... İşte imanın semeresi; bütün dünyevî kaygılardan, ihtiraslardan uzak, yalnızca Allah için ve O'nun uğrunda bir yol çizmektir. O halde öfkenin de bir ölçüsü vardır. Bu ölçü korununca faydalı, aksi durumda tamamen zararlı bir hale dönüşür. Kişinin hem dünyası hem de ahireti hüsran olur.

Allah Resulü (sav), sorulan sorulara, muhatabın durumunu göz önünde bulundurarak cevap vermiştir. Öğüt isteyenin neye daha çok ihtiyacı varsa, ona göre telkinde bulunmuştur. Yukarıdaki hadiste kızma konusunda zaafı olan bir kişiye öfkesini kontrol edilmesini tavsiye buyurmuştur. Günümüzde toplumsal problemlerin birçoğu aşırı kızmaktan, öfkelenmekten kaynaklanmaktadır. Bu sebeple nice yuvaların yıkıldığını hatta nice cinayetlerin işlendiğini basın yayından okuyor, medyadan takip ediyor veya müşahede ediyoruz.

Kişi tartışma esnasında kızınca gerçek için uğraşmayı bırakır, kendisi için uğraşmaya başlar. Peygamberimiz (sav) bir hadislerinde şöyle buyurmuşlardır:

"Kuvvetli kimse, güreşte başkalarını yenen değil, ancak hiddet anında kendine hâkim olandır."[217]

Kur'an'a baktığımızda, onlarca ayette Yüce Allah'ın "el-Halîm" sıfatından bahsedildiğini görürüz. Bu sıfat, yüce Allah'ın kanunlarının katı ve sert olmadığını gösterir. Kullarının gösterdiği küçük zaaflar, Yüce Allah'ın mü'min kullarına verdiği mükâfata engel olmaz. Yüce Allah, cezalandırmaya gücü yettiği halde hemen ceza vermeyen, kullarının isyanlarına karşı hemen öfkeye kapılmayandır. "Allah çok bağışlayıcıdır, Halîm'dir."[218]

Nitekim Rabbimiz, bu sıfatı üzerinde taşıyan kullarından da övgü ile bahsetmiştir: "İbrahim cidden halîm (yumuşak huylu), bağrı yanık, kendisini Allah'a vermiş biri idi."[219]

Yüce Allah'ın Kur'an'da zikredilen; er-Rahmân,* er-Rahîm,* el-Gaffâr,* el-Kerîm,* el-Vedûd,* el-Afuvv,* er-Raûf* gibi daha nice sıfatları, öfkeden mümkün mertebe uzak kalmamızı öğütler ve O'nun rahmetine sığınmamızın gerekliliğine işaret eder.[220]

---

* Rahmân: Hiç fark gözetmeksizin, her canlının her türlü rızkını veren ve onları koruyup gözeten.
* Rahîm: Esirgeyen, bağışlayan, engin merhamet sahibi.
* Gaffâr: Daima affeden, günahları bağışlayan.
* Kerîm: Keremi ve bağışı bol, bir karşılık gözetmeden inayetiyle ihsan eden.
* Vedûd: Mahlûkatını seven ve onların hayrını isteyen.
* Afuvv: Günahları silip sahibini cezalandırmaktan vazgeçen.
* Raûf: Kulları hakkında kolaylık murad eden.

KILIK VE KIYAFETİNE ÖZEN GÖSTEREN

Hz. Peygamber (sav) şöyle buyurdular:
"Bineklerinizi düzgün yapın, elbiselerinizi düzeltin. Öyle ki, insanlar arasında parmakla gösterilecek gibi olun. Zira Allah, kötü ve dağınık görünümlü olanları sevmez."[221]

Siyah bir zemin üzerindeki beyaz bir nokta hemen dikkati çeker. Mü'min genç de işte o beyaz nokta gibi iman ve ahlakıyla olduğu gibi, giyim ve kuşamıyla da diğer insanlardan farklı olduğunu göstermekle mükelleftir. Sahip olduğu iman, ibadet ve güzel ahlak onu âdeta melekleştirirken, pırıl pırıl, tertemiz kıyafetlere bürünüşü de ona olgunluk, ağırlık ve güzellik kazandırır.

Niçin mü'min siyah üzerindeki beyaz gibi olmalıdır?

Mü'minin mühim bir vazifesi Esmâ-i Hüsnâ'ya* aynalık yapmaktır. Zerreyi, küreyi, çiçeği, sineği, kelebeği, bebeği, kısacası herşeyi planlı, programlı, düzenli ve sanatlı yaratan Allah, tabiatta sergilediği renk ve ahenk cümbüşüne insanın da uyum sağlamasını istemektedir. Diğer yaratıklar bir noktada buna mecburen ayak uydururlarken, insan iradesiyle, şuuruyla katılacaktır. O halde tertiplilik, düzenlilik, kılık kıyafetteki düzgünlük Cenab-i Hakk'ın kâinatta tecelli etmekte olan Musavvir*,

---

* Esmâ-i Hüsnâ: Allah Teâlâ'nın güzel isimleri.
* Musavvir: Yaratıklara şekil ve özellik veren.

Mukaddir*, Cemil*, Mücemmiil* gibi isimlerine bir ayna, bir mazhar ve tecelligâh* olmaktan ibarettir.

Güzel ve düzgün giyinme insanın kibire, gurura kaptırmasına sebep olmaz. O niyetle olmadıkça kibir ve gurur olmaz. Peygamberimiz (sav) bir gün, "Kalbinde zerre kadar kibir bulunan kişi cennete giremez" buyurduğunda, "İnsan elbisesinin, ayakkabısının güzel olmasını sever" demişler, Resulullah da şöyle buyurmuşlardı: "Allah Cemil'dir, güzelliği sever. Kibir, hakkı beğenmemek, şımarmak ve insanları küçümsemektir."[222]

O halde insan hakkı beğenmeme, kılık kıyafetle şımarma, çalım satma, insanlara tepeden bakma gibi bir duruma girmediği sürece Cemil ismine mazhar olacaktır.

Elbette güzel, tertipli ve derli toplu giyinmenin kibirle alakası olamaz. Tehlike, her şeyi kılık kıyafette arama şaşkınlığına düşme, onu üstünlük ölçüsü gibi görme, insana gerçek değer veren üstünlüklere, manevî değer ve faziletlere yan bakma, elbiseyle büyüklenme ve gururlanmaya kalkmadır. Allah Resulü, "Allah, kibirli kibirli elbisesini çekip duran kişinin yüzüne bakmaz. O elbise ister helalden, isterse haramdan temin edilmiş olsun" buyurarak yanlış ve tehlikeli olan giyinmenin büyüklük vasıtası yapılan giyim ve kuşam olduğunu açıkça belirtmişlerdir.

Tehlike kılık kıyafetle gösterişe kaymaktır. Sırf insanlara gösteriş olsun diye, şöhret sevdasıyla güzel giyinen kimse kendini Allah'a değil, insanlara beğendirmeyi düşünme sevdasındadır. Kulu Allah beğenmedikten sonra insanlar beğenmiş kaç para eder? Sonra Allah, insanların kalbine beğenme duygusunu koymasa atlastan, ipekten elbiseler de giyse yine beğenmezler. İbn Ömer'in rivayet ettiği bir hadis de şöhret için elbise giyenlerin kulaklarını çınlatacak ehemmiyettedir. Hadise göre böyle bir

---

* Mukaddir: Takdir eden, değer biçen, beğenen, değer bilen.
* Cemîl: Güzellik sahibi olan Allah.
* Mücemmîl: Her şeyi güzel bir şekilde yaratan Allah.
* Tecelligâh: İlahî kudretin göründüğü yer.

kimseye, Cenab-ı Hak, kıyamet gününde şöhret elbisesi yerine zillet elbisesi giydirecek, sonra da o elbiseyi ateşle alevlendirecektir.

Demek ki kibire, riyaya, şöhrete, küfran-ı nimete* kaçmadığı sürece güzel, temiz ve düzenli giyinmenin dinimizin açık tavsiye ve emirleri arasında olduğu gözden uzak tutulmamalıdır. Cuma, bayram ve cemaat namazlarına katılırken temiz ve düzenli elbiseler giymenin tavsiye edilişini bunlar arasında saymak gerekir.

Ayrıca güzel giyinmek, "Allah verdiği nimetin eserini kulunun üzerinde görmek ister" hadis-i şerifinde anlatılan hakikate de uygun hareket etmek demektir. Mü'min genç, imkânları ölçüsünde giydiği temiz ve düzgün kıyafetlerle Allah'ın nimetlerine şükretmenin işaretini de taşımış olur.

Bilhassa öze değil kabuğa, ruh yerine şekle, kalbi bir tarafa atıp görünüşe, fazilet yerine kıyafete önem verildiği günümüzde İslam'ı temsilde manen görevli olan her mü'minin dilleri ve halleriyle olduğu kadar, kılık kıyafetleriyle de çekici bir platformda olmalarının birçok faydaları vardır. Perişan kıyafetli bir kimse, isterse içinde hazineler taşısın, antipati uyandırmak ve sahip olduğu hakikatlere gölge düşürmekle başbaşa kalabilir. İslam'ı bütün berraklığıyla sunabilmek için bu hususu da göz önünde bulundurmak gerekir.

Sonuç olarak, "Düzgün bir kıyafet, iyi bir tavsiye mektubudur" derler, Müslüman genç, toplumda İslam'ın temsilcisi ve elçisi durumundadır. Temsilciler, her halleriyle temsil ettikleri şeylere söz getirmemek, üstelik davalarının canlı modeli olmak zorundadırlar.

Müslüman genç, kibar ve zarif insandır, içiyle ve dışıyla tertemizdir. Hz. Peygamber (sav) Müslümanları tarif ederken, "Vücuttaki bir ben nasıl göze çarpıyorsa, Müslüman da bulunduğu toplumda güzellik ve zarafetiyle öylece dikkat çekmelidir"

---

* Küfran-ı nimet: Nimete karşı nankörlük etmek.

buyurmuşlardır.

Efendimiz bir gün saçı başı dağınık hırpanî* bir adam gördü ve "Bu adam saçını düzeltecek bir şey bulamamış mı?" diye kınadı. Elbisesi kirli başka birini görünce de, "Bu adam elbisesini yıkayacak su bulamamış mı?" diyerek hoşnutsuzluğunu ifade etti.

Sahabeden Ebu'l-Ahvas anlatıyor:
"Resulullah'ın huzuruna vardım. Bana dedi ki:
— Senin malın var mı? Ben de:
— Evet, dedim.
— Hangi mallar, deyince, ben de:
— Deve, koyun, at ve köle, dedim. Bunun üzerine şöyle buyurdular:
— Allah sana mal-mülk verince, üzerinde Allah'ın nimet ve ikramı gözüksün."[223]

İnsanı diğer canlılardan ayıran en önemli özelliklerden biri de avret mahallini örtmek, soğuktan sıcaktan korunmak ve süs olmak üzere giyinmiş olduğu elbisedir. Cenab-ı Hak bunu şöyle belirtiyor: "Ey Âdemoğulları size çirkin yerlerinizi örtecek giysi, süslenecek elbise indirdik."[224]

Toplum içine çıkarken kılık-kıyafetimize daha çok dikkat etmemizi Cenab-ı Hak emretmektedir: "Ey Âdemoğulları! Her mescide gidişinizde ziynetli elbiselerinizi giyin; yiyin, için, fakat israf etmeyin. Allah israf edenleri sevmez."[225] Lükse ve aşırılığa kaçmadan, sade ve estetiğe uygun kıyafet, zarafetin ifadesidir. Düzgün ve güzel giyinmek, kibirlilik alameti değildir.

Birisi Resulullah'a, "Ey Allah'ın Resulü! Kişinin, elbise ve ayakkabısının güzel olmasından hoşlanması kibir alameti midir?" diye sormuş, Efendimiz de, "Allah güzeldir, güzelliği sever, kibir ise gerçeği kabul etmemek ve insanları hakir görmektir" diye cevap vermişlerdir.[226]

---

* Hırpanî: Perişan kılıklı.

Allah'ın nimetleri Allah'ın kullarına daha münasiptir. Hak Teâlâ şöyle buyuruyor: "De ki: Allah'ın, kulları için çıkardığı süsü ve güzel azıkları kim haram kıldı?"²²⁷ Müfessirlere göre ayette zikredilen "süs"ten maksat güzel elbisedir. Özellikle düğün, bayram ve ziyaretleşmelerde temiz ve kaliteli elbise giymek teşvik, edilmiştir.

Hz. Peygamber'in (sav), elçileri karşılarken giydikleri özel bir kaftanı vardı ki, Hadramevt dokuması olan bu kaftanın uzunluğu dört arşın, genişliği ise iki arşın bir karış idi. Resulullah (sav), kendi huzuruna gelen heyetlerin de düzgün vaziyette gelmesinden hoşlanırlardı. Nitekim Abdülkays heyeti Medine'ye geldiklerinde hemen bineklerinden indiler, yol elbiselerini değiştirmeden, dağınık bir vaziyette Resulullah'ın huzuruna varıp elini öptüler. Allah Resulü (sav) de, dağınık vaziyetlerinden mahcup olmasınlar diye kendilerini, "Merhaba heyet üyeleri! Hoş geldiniz, Allah sizi pişman ve mahcup etmesin" sözleriyle karşıladı. Heyet başkanı Abdullah el-Eşec ise önce devesini ıhdırıp* eşyalarını düzeltti, heybesinden iki beyaz elbise çıkarıp üstünü değiştirdi. Temiz bir vaziyette Resulullah'ın (sav) huzuruna varıp elini öptü. Efendimiz ona, "Sende Allah ve Resulünün hoşlandığı iki haslet var: Vakar* ve temkin.*"

Görüldüğü gibi Hz. Peygamber (sav) tertipli ve düzgün kıyafetli olanlara takdirlerini ifade etmektedir. Ashab-ı kiramdan imkânı olanlar pahalı elbiseler giymişler ve bunu zahitliğe aykırı görmemişlerdir. Temmim-i Dari'nin hüllesi bin dirhem kıymetindeydi. İmam-ı Azam, Ahmed bin Hanbel, Malik bin Dinar, Cafer-i Sadık gibi nice din büyükleri kaliteli elbiseler giyerlerdi.

Hz. Peygamber'in (sav) küçük bir su kabı vardı. Suya bakarak saçını sakalını düzeltirdi. Aişe Validemiz, "Ya Resulallah! Siz de mi böyle yapıyorsunuz?" deyince, "Evet, kişi kardeşlerinin

---

* Ihtırmak: Deveyi çöktürüp oturtmak.
* Vakar: Onurlu olma.
* Temkin: Ağırbaşlılık.

yanına çıkacağı zaman kendine çekidüzen vermelidir. Zira Allah güzeldir, güzelliği sever" diye cevap vermişlerdir. Efendimiz (sav) yola çıkacağı zaman yanına tarak, ayna, yağ, misvak ve sürme alırdı. Başını yağlar ve tarardı. Yatarken her bir gözüne üç defa sürme çekerdi.[228]

Bütün bu naklettiklerimizden de anlaşılacağı üzere Müslüman genç, dışı da içi gibi temiz ve düzgün olacaktır. Kadın-erkek her Müslüman, inancının canlı modeli olduğunun unutmaksızın daima temiz ve düzgün bir görünüm içinde bulunacak, Efendimizin (sav) buyurdukları gibi, "Sanki parmakla gösterilecek" şekilde olacaktır.[229]

GÜZEL VE DOĞRU SÖZLÜ OLAN

İbn Ebi Kurad (ra) anlatıyor:
"Bir gün Allah'ın Resulü (sav) abdest alıyorken etrafındaki sahabileri abdest (azalarından dökülen) suyu (alıp bereketlenmek için kendi vücutlarına) sürmeye başladılar.

Hz. Peygamber onlara:
— Böyle yapmanızı gerektiren nedir, buyurdu. Onlar da:
— Allah'ı ve O'nun Peygamber'ini sevmiş olmak, dediler.
Bu cevapları üzerine Hz. Peygamber şu açıklamayı yaptı:
— Allah'ı (cc) ve Peygamberi'ni sevmek (veya Allah ve Peygamberi tarafından sevilmek)ten ötürü mutluluk duyacak kişinin konuştuğu zaman sözü dosdoğru olsun. Kendisine sır, vazife veya eşya gibi bir emanet bırakıldığı zaman emaneti korusun ve sahibine versin. Bir de çevresindeki komşuları, dostları ve arkadaşlarına gücü nispetinde ikramda bulunsun. (Zira Allah ve O'nun Resulü gerçek manada ancak bu şekilde, yani emirleri ve tavsiyelerine uyularak sevilir.)"[230]

Ebu Şüreyh (ra) anlatıyor:
"Allah'ın Resulü'ne (sav) ricada bulundum.
— Ya Resulallah! Beni cennete götürecek bir ameli bana öğretir misiniz?
Şu öğütleri verdi:
— Cennete götürecek amel Allah tarafından bağışlanmaktır.

Bağışlanmanın sebepleri de bolca selam vermek ve güzel konuşmaktır."[231]

Görüştüğümüz bütün insanlarla güleç bir yüzle güzel güzel konuşmak İslamî bir görevimizdir. Çünkü Rabbimiz sözün güzelini konuşmamızı emir buyurmuştur: "Ey Peygamber! Kullarıma söyle; sözün en güzelini söylesinler."[232]

Güzel söz söylemekle mükellef kılınan biz mü'minler, bu vazifemizi yapabilmek için hangi sözlerin güzellik vasfını taşıdığını bilmek mecburiyetindeyiz. Bilmek mecburiyetindeyiz, çünkü güzel söz söylemek bizi Hakk'a ve halka sevdirecek, dünya ve ahiret hayatımızı mutlu kılacak çok mühim bir ameldir.

Güzellik vasfını taşımayan söz söylemek de şüphesiz bizi sevimsizleştirecek veya türüne göre bizi azaba sürükleyecek büyük bir günahtır. Güzel söz; doğru, faydalı, sevdirici ve muhatabın seviyesine uygun ve yeterince söylenmiş olan sözdür.[233]

Hz. Ali (ra) rivayet ediyor:

"Allah'ın Resulü (sav) cenneti ve cennetlikleri tasvir eden bir açıklamalarında şöyle buyurdu:

— Cennette dışı içinden, içi dışından görülen özel daireler vardır.

Allah'ın Resulü'nün (sav) bu açıklamasını dinleyen ve coşkuyla dolan bir Arabî ona doğru ayağa kalktı ve sordu:

— Bu özel bölümler kimlere verilecek ya Resulallah?

— Onlar, tatlı tatlı konuşan, dostlara ve fakirlere bolca yemek yediren, farz ve nafile oruçlara devam eden ve insanlar uykudayken geceleri kalkıp Allah için namaz kılanlara verilecektir."[234]

Sevgili genç kardeşim! İnsanlar arasında yüksek bir yer, Allah (cc) katında ulvi bir derece, Efendimizin (sav) sevdiği bir mü'min olmak istersen güzel ve doğru sözlü ol, yalan söyleme ve yalan söyleyenlere de iltifat etme. Amellerinin yazıldığı defterin temiz ve bembeyaz kalmasına çalış ki, Allah'a yakın olanların içinde yerin yüce olsun.

MÜ'MİN KARDEŞİNE
GÜLERYÜZ GÖSTEREN

Hz. Peygamber (s.a.v) şöyle buyurdular:
"Kardeşinin yüzüne tebessüm etmen senin için bir sadakadır. İyiliği emredip kötülükten sakındırman, yolunu şaşırana yol göstermen, görmeyene yardımcı olman, yol üzerindeki taş, diken ve kemik gibi rahatsız edici şeyleri kaldırıvermen, kendi kabından başkasının kabına su döküvermen de senin için birer sadakadır."[235]

Tebessüm, muhabbet güneşinin yüzde parıltısıdır. Kardeşliğe açılan kapıdır. Sevap kazanmanın kolay ve kestirme yoludur. Tebessüm eden yüz, güneşli, berrak bir gün, asılmış surat ise bulutlu, sıkıntılı bir gün gibidir. Cenab-ı Hak cehennemi "abus" asık suratlı olarak tasvir ediyor.

Resulullah Efendimizin (sav) tüm mü'minlere tavsiyelerinden biri de karşılaştığımız Müslüman kardeşimize selam verdikten veya onun verdiği selamı aldıktan sonra vakit müsaitse güler yüz gösterip elinden tutmak yani musafaha etmektir. Çünkü selam vermek, içimizdeki kin, haset, bencillik, gurur ve katılık duygularını zayıflatır; güler yüz gösterip Allah için el sıkışmak zayıflayan o duyguları dumura uğratır. Böylece mü'min kardeşimize karşı içimizde yepyeni bir sevgi ve saygı havası doğar, kötülükler iyiliklere dönüşür, günahın yerini sevap almış olur.

Büyüklük, başkasını küçük görmek değil, küçük olsun, yaşlı olsun fakir veya zengin bulunsun insanlara değer verip onlardan biri olmayı prensip edinmek ve herkese bulunduğu seviye ve derecesine göre kıymet verip ilgi göstermektir.

Müslümanlar arasında dostluk ve kardeşlik asıldır. Bunu gerçekleştirecek her vasıta da sadaka hükmündedir. Bugün yeryüzünde dağınık ve birbirlerine dostça davranmayan Müslümanlar, Hz. Peygamber'in (sav) sadece yukarıdaki tavsiyesini tutsalar kardeşlik için en önemli adımı atmış olurlar.

İyiliklerden maksat muhatabı sevindirmektir, gönül almaktır. Tabarani'nin rivayetine göre Efendimiz (sav) şöyle buyurmuşlardır: "Farzlardan sonra Allah'a en sevimli gelen amel, Müslüman'ın gönlüne sevgi koymaktır."

Mevlana'nın dediği gibi, "Sevilmek zor ise de sevmek kolaydır." Zira sevilmek için bir takım meziyet ve faziletlere malik olmak gerekir. Sevmek ise herkesin iktidarında olan bir nimettir. Mevlana'ya kulak verdim: "Sevilen olma imkânını elde edememişsen, seven kimse olma fırsatını kaçırma. Eğer Yusuf olma şansın yoksa Yakub olmaktan seni kim alıkoyar? Sevgide sadık, aşkında daim olmana kim engel olabilir?"

Bizim tebessümümüz, kaynağı kalp olan muhabbet yüklü tebessümdür. Yoksa maddecilerin riyakârlığa* dayalı "sırıtma"sı değildir. İstismar ve aldatmaya dayalı "yüze gülme" tam bir sahtekârlıktır. Müslüman "iğreti gülücük" ve "takma tebessüm"e iltifat etmez, zira imanla riya bir arada bulunmaz.

Sayı ve imkânlar itibarıyla çok güçlü olan fakat sevgi ve dostluk bağlarını kopardıkları için dağınık ve perişan yaşayan Müslümanların tekrar toparlanıp yekvücut olmalarının ilk ve basit şartı; hangi parti ve cemaate, hangi ülke ve kıtaya mensup olurlarsa olsunlar birbirlerini tebessümle karşılamalarıdır. Birlik ve kardeşliğe açılan yolun ilk işareti ve bu yolu aydınlatacak ilk ışık

---

* Riya: İkiyüzlülük, yalandan gösteriş.

yüzlerde doğacak tebessüm güneşidir.

Kardeşlik ve dostluğun diğer iki önemli vasıtası da selam ve musafahadır. Hz. Peygamber (sav), "Kudretiyle yaşadığım Allah'a yemin ederim ki, iman etmedikçe cennete giremezsiniz, birbirinizi sevmedikçe de gerçek mü'min olamazsınız. Size, işlediğiniz zaman sevişeceğiniz bir şey söyleyeyim mi? Aranızda selamı yayın"[236] buyurmuşlar.

Musafaha* ile ilgili olarak da şu müjdeyi vermişlerdir: "İki Müslüman birbirleriyle karşılaşıp musafaha ederlerse (tokalaşırlarsa) daha birbirlerinden ayrılmadan bağışlanırlar."[237]

Dostluk ve kardeşliğe giden bu kadar kolay yol ve imkânlar varken, sevgi ve dostluktan başka da çare yokken mü'minlerin birbirleriyle düşman olmaları ve bir tebessümü, bir selamı ve bir musafahayı bile birbirlerinden esirgemeleri aklın ve izanın kabul edeceği şey değildir.[238]

---

* Musafaha: El sıkışma, selam ve dostluk için el ele verme.

İYİLİĞİ EMREDEN, KÖTÜLÜĞÜ MEN EDEN

İslam, bütün esas ve prensipleriyle sağlam bir hayat düzenidir. Devlet, otoritesi ve geniş yetkileriyle beraber toplum arasında otokontrol kurulmasını emreder. O bakımdan İslam'da "nemelazımcılık"ın yeri yoktur. Her söz sahibi, her yetkili ve her aile reisi çevresindeki insanlardan da sorumludur. İyilerden, namuslu dürüstlerden yana olmak, kötülerin karşısına çıkmak, azgınları tesirsiz hale getirmek aklı eren her Müslüman'ın görevidir.

Bu farzı bilerek, ölçülü, seviyeli şekilde yerine getiren kimseler büyük ecirlere nail olurlar, işledikleri sevap Allah (cc) katında kat kat karşılık görür.

İyiliği emredip kötülüklerden men ederek insan, iyilerin çoğalmasına neden olur. Kötüler azalıp tesirsiz hale gelir. Meydan kötülere terk edilmemiş olur. Bu yüzden toplum huzura kavuşur. Toplumda güven ve istikrar başlar. Devlet kanunları işlerlik kazanır, otorite hâkimiyet kurar. İyiler itibar bulur, kötüler yalnızlığa itilir. Nemelazımcılık kalkar, herkes bir takım görevlerle yükümlü bulunduğunun bilincinde olur. Aile ve toplumda huzur havası hâkim olup, istenen düzen sağlanır. Sınırsız hürriyet peşinde koşanlar, başkalarının hürriyet sınırına tecavüze cesaret edemez. Böylece herkes hakkına razı olmak zorunda kalır.

Kur'an-ı Kerim'de "Emr-i bi'l-ma'ruf, nehy-i ani'l-münker"e geniş yer verilmiş ve bunun önemi üzerinde yeterince durulmuştur. Bu da iyilikle emretmenin, kötülüğü menetmenin, bu doğrultuda otokontrol kurmanın ne kadar lüzumlu olduğunu göstermeye yeterli delil sayılır.

"Siz insanlardan yana (onların yararı için milletler arasından) çıkarılmış en hayırlı bir ümmetsiniz; iyilikle emreder, kötülükten meneder, Allah'a inanırsınız. Kitaplılar (sizin gibi) iman etmiş olsalardı onlar için hayırlı olurdu. İçlerinden iman edenler var, fakat çoğu dinden çıkmış kimselerdir..."[239]

İkinci bir ayette ise, toplum içinden bu şuur ve idrakte bir cemaatin ortaya çıkıp halk arasında otokontrolü sağlaması, devlete azami derecede yardımcı olması emrediliyor:

"Sizden hayra çağıran, iyilikle emreden, kötülükten men eden bir cemaat oluşsun! İşte kurtuluşa erenler onlardır."[240]

Böylece mü'minin toplum içinde üç önemli görevi bulunduğu öğretiliyor: İnsanları hayra, yani iyiliğe, güzel işe, dürüst harekete davet etmek; iyiliği sözle, kalemle ve çeşitli vasıtalarla tavsiye edip bunun yararlarını anlatmak; ayan şekilde kötülükten kaçınmanın önemini, ecrini, mutlu sonuçlarını ilahî mükâfatlarla birlikte anlatıp örnekler vermek...

Bu prensiplere her toplumun, suya, ekmeğe olan ihtiyacı gibi ihtiyacı vardır. Fertleri bu düzeye getirebilmek için ciddi ve sistemli eğitime ihtiyaç vardır.

Resulullah Efendimiz (sav) sözü edilen bu önemli prensiplerin işlerlik kazanması için ümmetine şöyle talimatta bulunmuştur:

"Sizden kim bir kötülük görürse, onu eliyle gidersin. Buna gücü yetmezse, diliyle gidersin. Buna da gücü yetmezse, kalbiyle giderme (çarelerini araştırıp bulmaya çalışsın ve nefret duysun) ki bu, imanın en zayıfıdır."[241]

Ebu Zer el-Gıfarî (ra) anlatıyor: "Ashab-ı kiramdan bir topluluk, Resulullah Efendimize (sav) dediler ki:

— Ya Resulallah! Çok mal sahipleri ecirlerle gittiler. Bizim namaz kıldığımız gibi namaz kılıyorlar, oruç tuttuğumuz gibi oruç tutuyorlar ve mallarından arta kalanı tasadduk ediyorlar...
Bunun üzerine Resulullah (sav) şöyle buyurdu:
— Allah size tasaddukta bulunacağınız şeyleri vermedi mi? Her tesbihiniz bir sadaka, her tekbiriniz bir sadaka, her tahmidiniz bir sadaka, her tehliliniz bir sadaka, iyilikle emretmek bir sadaka, kötülükten men etmek de bir sadakadır."[242]

Hadisin açık delaletinden, iyilikle emretmenin, kötülükten men etmenin büyük ecirleri gerektiren sevaplardan biri olduğu anlaşılıyor. O bakımdan ashab-ı kiram bulundukları her yerde bu hizmeti yerine getirmeye çalışmışlar, kusur etmemek için azami itina göstermişlerdir.

Nitekim Huzeyfe b. Yeman (ra), Irak acemine eyalet valisi olarak tayin edildiğinde, kendine gümüş bardakta su getirilince, onları hiç tereddüt etmeden uyarmış, bunun haram olduğunu bildirmişti. Aynı hatayı ikinci defa yapan adamı azarlamak zorunda kalmış ve Peygamber Efendimizin (sav) sünnetine sımsıkı bağlı kalıp emr-i bi'l-ma'ruf, nehy-i ani'l-münkeri layıkıyla yerine getirmekte asla tereddüt etmemiştir. Kısa zamanda bulunduğu bölgede ciddi bir otorite kurmuş ve iyilere takdir sunarken kötülerle mücadelenin en metotlusunu yapmıştır.

Çünkü Resulullah Efendimiz (sav) bir hadislerinde ise şu güzel ve çok anlamlı sözü söyleyerek ümmetine yol göstermiştir:
"Cihadın en üstünü, zalim bir hükümdarın yanında hak sözü söylemektir."[243]

Konuyla ilgili bir olayı Ebu Ümame (ra) şöyle anlatmıştır:
"Hacda Mina'da birinci cemre taşlanırken bir adam Peygamber (sav) Efendimize yaklaşıp sordu:
— Hangi cihat daha üstündür?
Peygamberimiz (sav) susup cevap vermedi. İkinci cemreye taş atarken adam yine sordu, Peygamberimiz (sav) cevap vermedi. Cemre-i akabeyi taşlayıp bineğine binmek üzere ayağını

üzengiye koyduğunda:
— Soru soran adam nerede, diye sordu. Adam:
— Soran bendim, dedi. Peygamber (sav) şöyle buyurdu:
— Zalim bir hükümdarın yanında söylenen hak sözdür."[244]

Cihan Peygamberi Hz. Muhammed Efendimiz (sav), İslam'ın birbirine çok yakın tariflerini yaparken bazen de onu belli paylara ayırmak suretiyle bütünlüğünü oluşturan unsurlardan söz etmiştir. Allah'ın varlığını, birliğini, kudretinin sınırsızlığını bilip inanmak ne ise, namaz kılmak, oruç tutmak, zekât vermek ve haccetmek de odur, yani bunların hepsi farzdır ve İslam'ı tamamlayan unsurlardır. Bunlar gibi, iyilikle emretmek, iyiliğe özendirmek; kötülükten men etmek ve kötülükten tiksindirmek de farzdır ve bunlar İslam'ın bütünlüğünü oluşturan unsurlardandır.

Sevgili Peygamberimiz (sav) bu hususu şöyle ifade buyurmuşlardır:

"İslamiyet; Allah'a ibadet edip hiçbir şeyi O'na ortak koşmaman, namaz kılman, zekât vermen, Ramazan orucunu tutman, haccetmen, iyilikle emretmen, kötülükten alıkoyman, ehline (çoluk çocuğuna, yakınlarına, dostlarına) selam verip esenlik dilemendir. Kim bunlardan bir şey noksan bırakırsa, o, İslam'dan bir pay (unsur) olanı terk etmiş olur. Kim de bunların hepsini terk ederse, İslamiyet'e sırt çevirmiş olur."[245]

Buna yakan diğer bir hadiste ise şöyle buyuruluyor:

"İslamiyet sekiz sehim (pay)dır: İslam (Hakk'a teslimiyet) bir sehim, namaz bir sehim, zekât bir sehim, Beytullah'a haccetmek bir sehim, iyilikle emretmek, ona özendirmek bir sehim, kötülükten men etmek, ondan tiksindirmek bir sehim ve Allah yolunda cihat etmek bir sehimdir. Hiçbir sehmi olmayan ise hüsrana uğramıştır."[246]

Müslüman, bütün bu sehimlere inanıp başkasına iyilikle emreder, kötülükten men ederken, bizzat kendisinin yaşaması, uygulaması gerekir. Yapmadığı, yapamadığı bir şeyle başkasına emretmek, Allah (cc) yanında büyük bir gazaptır.

Dikkat edildiğinde, hadisler genel ölçüde üç kısma ayrılıyor: Kavlî, fiilî ve takrirî. Birincisi, Resulullah Efendimizin (sav) sözlü emir, tavsiye ve uyarılarıdır. İkincisi, davranışlarıdır. Üçüncüsü, huzurunda başkasının söz ve davranışlarını benimsemesi, itiraz etmeyip susmak suretiyle tasvip etmesidir. Peygamber Efendimiz (sav), hem kendi davranışlarını, hem çevresindeki insanların davranışlarını ve sözlerini ölçülü tutmaya çalışmış, bunun sayısız güzel örneklerini vermiştir. Söyleyip de yapmadığı bir şey yoktur diyebiliriz. Bazı istisnalar bu genel kaideye tesir etmez.

Nitekim sahih senetle tespit edilen bir hadislerinde sözünü ettiğimiz söz ve davranış arasındaki uyum ve ahenge temasla; Üsame b. Zeyd'den (ra) rivayetle Efendimiz (sav) şöyle buyurmuşlardır:

"Kıyamet gününde adam getirilip cehennem ateşine atılır da bağırsakları dışarı çıkıp sarkar, merkebin değirmen etrafında döndüğü gibi o bağırsaklarıyla döner de döner. Bunun üzerine cehennem ehli ona doğru toplanıp sorarlar:

— Ya falan! Sana ne oluyor, sen iyilikle emretmiyor, fenalıktan men etmiyor muydun?

O da şu cevabı verir:

— Evet iyilikle emrederdim ama kendim onu yapmazdım, kötülükten men ederdim ama kendimi ondan alıkoymazdım..."[247]

İHTİYAR GİBİ ÖLÜMÜ DÜŞÜNEN

Yüce Peygamberimiz (sav) gençlerle ilgili bir hadislerinde şöyle buyurur:

"Gençlerinizin en hayırlısı ihtiyarlarınıza benzeyendir. İhtiyarlarınızın en şerlisi, gençlerinize benzeyendir."[248]

Elbette buradaki "benzemek"ten kasıt, kılık-kıyafette birbirlerini taklit etmek veya saçların ağarması, dökülmesi, yüzlerin kırışması değildir. Nitekim Bediüzzaman Hazretleri, bu hadisi izah ederken şunları söyler:

"En hayırlı genç odur ki, ihtiyar gibi ölümü düşünüp ahiretine çalışarak, gençlik hevesâtına* esir olmayıp gaflette boğulmayandır. Ve ihtiyarlarınızın en kötüsü odur ki, gaflette* ve hevesatta gençlere benzemek ister, çocukçasına, hevesât-ı nefsaniyeye* tâbi olur."

Gençlerin dünyanın faniliğini kavrayıp, ebedî hayatları için çalışmalarında, ölümü düşünmelerinin büyük etkisi vardır. Bir gün mutlaka öleceğini düşünüp o şuurla çalışmayan, kendisine ahireti kazanmak için verilen ömür sermayesini boş yere harcar. Gelip geçici lezzetlere dalar, dünyayı bir oyun ve eğlence alanı zanneder.

---

* Hevesât: Nefsin istek ve arzuları.
* Gaflet: Boş bulunma, dalgınlık.
* Hevesât-ı nefsaniye: Nefse ait istekler.

Peygamberimiz, "Lezzetleri tahrip edip acılaştıran ölümü çok zikrediniz"[249] buyurarak, bizleri bu gafletten kurtarmak ister.

Nitekim Abdullah bin Ömer'in (ra) anlattığı şu hâdise ne kadar ibretlidir:

"Ensardan bir adam gelerek, Peygamberimize (sav) şöyle sordu:

— Ya Resulallah, mü'minlerin hangisi daha akıllı, daha şuurludur?

— Ölümü en çok hatırlayanı ve ölümden sonrası için en güzel şekilde hazırlananı. İşte onlar en akıllı, en şuurlu olanlarıdırlar."[250]

Yine Abdullah bin Ömer (ra) şunları anlatır:

"Resul-i Ekrem (sav) vücudumun bir yanından tutarak şöyle buyurdu:

— Dünyada sanki bir garip (gurbette olan yabancı), hatta yoldan geçen bir yolcu imişsin gibi ol ve kendini kabir halkından (biri) say."

Daha sonra İbni Ömer (ra) sözüne şöyle devam etti:

"Sabaha çıktığın zaman kendine akşamın sözünü etme, akşama çıktığın zaman da kendine sabahın sözünü etme. Hastalığından önce sıhhatinden, ölümünden önce hayatından (istifade edip tedbir) al. Çünkü sen, ey Abdullah! Yarın adının (mutlu mu, bedbaht mı) ne olacağını bilemezsin."[251]

Gerçekten de, dünya hayatının faniliğini bundan daha güzel anlatan bir söz olamaz. Çünkü insanın elinde bulunan "ömür" ve sahip olduğu zaman, sadece bir "an"dır. Hiç kimse, bir sene, bir ay, bir gün, hatta bir saat sonrasına kadar yaşayacağını garanti edemez. O halde bulunduğu ânı, en güzel bir şekilde değerlendirmeli, Allah'a hakkıyla kul olmalıdır.

Bununla birlikte, dünyanın faniliğini anlamak ve zevklerini terk etmek demek, kendisini Allah'ın nimetlerinden mahrum etmek değildir. Bu hususu şu hadis çok güzel ifade eder:

"Dünya zevkinin terki, helal bir şeyden kendini mahrum etmek veya malı elden çıkarmakla değildir. Fakat dünya sevgisinin terki, elinde bulunanların Allah'ın katında bulunanlardan daha güven verici olmaması ve bir musibete uğradığın zaman o musibet sende bırakılmış olsaydı sevabı için ona daha istekli olmandır."[252]

Gençlerin dünyaya dalmamaları için sadece ölümü düşünmeleri yeterli değildir. Aynı zamanda ölümden sonrasını da tefekkür etmek gerekir. Kabir hayatını, kıyameti, haşir meydanını, muhasebe ve muhakemeyi, mizanı, sıratı ve cehennemi de iyice düşünmek lazımdır ki, buraların azabından kurtulmak için Allah'a sığınalım ve zamanımızı Allah'ın istediği tarzda geçirelim.

İnsanın ölümden sonra uğrayacağı ilk durak kabirdir. Peygamberimiz (sav), "Kabir ahiret menzillerinden bir menzildir. Kişinin buradaki hesabı kolay olursa diğer duraklardaki hesabı da kolay olur, zor olursa diğerleri de zor olur" buyurmuştur.

Kabir azabı haktır. Kişi, dünyada yaptığı kötülüklerden dolayı önce kabirde azap görecektir. Hazret-i Osman (ra) ağlayarak, Resul-i Ekrem'in (sav) şu sözünü aktarırdı: "Kabirden daha korkunç bir manzara görmedim."[253]

Peygamberimiz, kabirleri ziyaret ettiğinde, bura ehlinin vaziyetini görür ve sahabelere haber verirdi. Yukarıdaki hadiste kabrin korkunçluğunu belirttiğine göre, kabir azabına uğramamak için çok çalışmak gerekir.

Kabirden sonraki dehşetli zaman, kıyamet günüdür. Bu hususta Efendimiz (sav) şunları söyler:

"Kıyamet günü olunca güneş, kullara bir mil veya iki mil mesafede oluncaya kadar yaklaştırılacaktır. Güneş onları âdeta eritecek ve amelleri miktarınca ter içinde kalacaklardır. Onlardan kimini topuğuna kadar alacak, kimini diz kapaklarına kadar alacak, kimini beline kadar alacak, kimine de basbayağı gem vuracaktır." (Bu sırada Resul-i Ekrem ağzını işaretliyordu.)[254]

İşte böyle dehşetli bir günde kurtuluşun yolu, dünyadayken Allah'ın emirlerine sarılmak, yasaklarından kaçınmaktır. Peygamberimizin (sav) sünnetini de rehber edinmektir.

Kişi, dünyada yaptığı her şeyden haşirde hesaba çekilecektir. O kadar ki, Zilzal Suresi'nde, zerre kadar yaptığı bir iyiliği veya kötülüğü mutlaka göreceği belirtilir. Kişinin sevapları ve günahları tartılacak, iyilikleri fazlaysa cennete, kötülükleri fazlaysa cehenneme gidecektir.

Bu zorlu muhasebeye uğramadan önce şu hadisten ders almak gerekir:

Abdullah bin Mes'ud'dan (ra) rivayet edildiğine göre, Peygamberimiz (sav) şöyle buyurmuştur:

"Vallahi sizden hiç kimse yoktur ki, birinizin gördüğü dolunayla başbaşa kaldığı gibi Rabbiyle başbaşa kalmasın. Sonra Allah ona şöyle buyurur:

— Ey Âdemoğlu, Benim hakkımda seni ne aldattı?

— Ey Âdemoğlu, Benim için ne amel işledin?

— Ey Âdemoğlu, Benden ne kadar hayâ ettin?

— Ey Âdemoğlu, peygamberlere ne cevap verdin?

— Ey Âdemoğlu, sana helal olmayana bakarken, Ben gözlerinin üzerinde gözcü değil miydim?

— Sana helal olmayan şeyleri dinlerken, Ben kulaklarının üzerinde kontrolcü değil miydim?

— Ey Âdemoğlu, sana helal olmayan şeyleri söylerken, Ben dilinin üzerinde murakıp değil miydim?

— Sen ellerinle helal olmayan şeyleri tutarken, Ben onların üzerinde gözcü değil miydim?

— Ayaklarınla sana helal olmayan şeylere giderken, Ben ayaklarının üzerinde gözetleyici değil miydim?

— Sana helal olmayan şeylerle kalben ilgilenip dururken, Ben kalbinin üzerinde murakıp değil miydim?

— Yoksa sana olan yakınlığımı ve sana gücümün yettiğini inkâr mı ettin?"

Rabbimizin bu hitapları, şu anda bile bizleri ürpertmekte, tüylerimizi diken diken etmektedir. Bir de aynı hitabın, bütün haşmet ve dehşetiyle ahirette yapılacağını düşünelim. Bu hitap, Allah'ın emirlerine uymayanlar için ne kadar utandırıcı, acıklı ve hüzün vericidir.

Bu bakımdan fırsat eldeyken ahirete ciddi çalışmak gerekir.

Cehennem azabını da düşünmeli ve ondan kurtulmak için dua etmeliyiz.

Cehennem azabının dehşetini anlamak için Numan bin Beşir'den (ra) rivayet edilen şu hadis yeterlidir:

"Azap bakımından cehennem ehlinin en hafif olanı, iki ayağının oyuğunda iki ateş bulunan ve bundan dolayı beyni kaynayan kişidir."[255]

Cehennem azabının en hafifi buysa, en dehşetlisinin ne olacağını düşünmek zor değildir.

Allah bizleri ölümü düşünüp fani dünyanın zevklerine dalmayan, kabir ve cehennem azabından kurtulan kullarından eylesin.[256]

İSTİFADE EDİLEN KAYNAKLAR

Akademi Araştırma Heyeti, 40 Hadis Tercüme ve Şerhi, Işık Yayınları.

Ali Arslan, Allah Resulü'nün Dilinden Kadınlara Hitap, Hikmet Yayınları.

Ali Rıza Demircan, Allah'ın Resulünden Hayat Düsturları, İpek Yayınları.

Ali Rıza Temel, Ayet ve Hadisler Işığında Dinî ve Sosyal Hayatımız, Kutup Yıldızı Yayınları.

Bediüzzaman Said Nursî, Gençlik Rehberi.

Bediüzzaman Said Nursî, Sözler.

Bilal Eren, Dua Hazinesi, Cihan Yayınları.

Celal Yıldırım, Büyük Sevaplar, Uysal Yayınevi.

Cemil Tokpınar, Peygamberin Diliyle Gençlik, Nesil Yayınları.

Elmalılı Hamdi Yazır, Hak Dini Kur'an Dili, Zaman Gazetesi Hediyesi.

Gümüş Kalemler, Kur'an Işığında Ailemizle 52 Ders, Ensar Yayınları.

Gümüş Kalemler, Hadisler Işığında Ailemizle 52 Ders, Ensar Yayınları.

Hafız ed-Dimyati, Hadislerle Amellerin Sevabı, Risale Yayınları.

İbrahim Canan, Kütüb-i Sitte, Zaman Gazetesi Hediyesi.

İmam Buhari, Edebu'l-Müfred, Motif Yayınları.
İmam Gazâlî, İhyâü Ulûmi'd-Din, Hikmet Yayınları.
İmam Gazâlî, Kalplerin Keşfi, Metin Yayınları.
İmam Gazâlî, Kimya-yı Saadet, Yeni Şafak Gazetesi Hediyesi.
İmam Rabbani, Mektubat, Çelik Yayınları.
İsmail Gökçe, Gençler İçin 33 Hadis, Işık Yayınları.
İsmail Mutlu, Şaban Döğen, Abdülaziz Hatip, Camiü's-Sağir, 1-4. ciltler, Yeni Asya Gazetesi Hediyesi.
M. Fethullah Gülen, Ölümsüzlük İksiri, Nur Yayınları.
M. Fethullah Gülen, Sonsuz Nur, Zaman Gazetesi Hediyesi.
M. Yaşar Kandemir, İsmail Lütfi Çakan, Raşit Küçük, Riyâzü's-Sâlihîn, Erkam Yayınları.
M. Yusuf Kandehlevî, Hayatü's-Sahabe, Ravza Yayınları.
Mehmet Akif Ersoy, Safahat, Zaman Gazetesi Hediyesi.
Mehmet Emin Ay, Peygamberimizin (sav) İnsanlarla İlişkisi.
Muhammed Abdülaziz el-Hülî, Hadislerle Peygamber Ahlakı, Çelik Yayınları.
Muhammed Ali Kutup, Hz Peygamber'den Gençlere 50 Nasihat.
Muhammed Zeki Muhammed Hızır, Yüz Hadiste İstikamet, Menba Yayınları.
Muhittin Akgül, Arşın Gölgesinde Yedi Zümre, Rehber Yayınları.
Mustafa Varlı, Müslüman Kadınlara Altın Öğütler, Ensar Yayınları.
Ömer Nasuhi Bilmen, Hadis Günlüğüm, Mavi Lale Yayınları.
Sabri Türkmen, Kur'an İkliminde Hadislerle Bugünü Yaşamak, Ağaç Yayınları.
Said Demirtaş, İffeti Yaşayanlar, Nesil Yayınları.
Suat Yıldırım, Kur'an-ı Hakim ve Açıklamalı Meali, Işık Yayınları
Tekin Kılınç, Kur'an ve Sünnet Işığında Müslüman'ın Bir Günü, Cihan Yayınları.

DİPNOTLAR

1 Mişkatü'l-Mesabih, Hadis No: 18.
2 Mecmau'z-Zevaid, 1/45.
3 Buharî, Müslim.
4 İbn Kesir, 1/304, Al-i İmran Suresi, 101.
5 Mecmau'z-Zevaid, 1/169.
6 İbn Kesir, 1/29, Bakara Suresi, 3.
7 et-Tac 4/7; Tirmizî, Hadis No: 2908.
8 Ali Rıza Demircan, Allah'ın Resulünden Hayat Düsturları, İpek Yayınları, s. 623.
9 Hâkim'in Müstedrek'inden.
10 Ebu'ş-Şeyh'ten.
11 Ebu Nuaym'ın Hilye'sinden.
12 Bakara Suresi, 222.
13 Buharî, Daavat 307.
14 Muhammed Zeki Muhammed Hızır, Yüz Hadiste İstikamet, Menba Yayınları, s. 24.
15 M. Fethullah Gülen, Zaman/Kürsü, 21.12.2007.
16 İsmail Gökçe, Gençler İçin 33 Hadis, Işık Yayınları.
17 A'raf Suresi, 201.
18 Rahman Suresi, 46.
19 İbn Kesir, A'raf Suresi, 201.
20 M. Fethullah Gülen, Ölümsüzlük İksiri, s. 46.
21 Tirmizî, Kıyamet 1.
22 İmam Rabbani, Mektûbat.
23 Müsned-i Ahmed.
24 Buharî, Menâkıb 23, Edeb 72, 77; Müslim, Fezâil 67.
25 Tecrid-i Sarih, 12/151.

26 Ali Rıza Temel, Ayetler ve Hadisler Işığında Dinî ve Sosyal Hayatımız, Kutup Yıldızı Yayınları, s. 208.
27 İsmail Gökçe, a.g.e., s. 65.
28 Buharî, İstizan 12, Kader 9; Müslim, Kader 20-21.
29 Buharî, Hudud, 6772, 6782; Müslim, İman 57; Tirmizî, İman 2625.
30 İsra Suresi, 32.
31 Nur Suresi, 30.
32 Müsned, 5:264.
33 et-Terğib ve't-Terhîb, 3:35.
34 Bediüzzaman Said Nursî, Sözler, Yeni Asya Neşriyat, s. 664
35 Bediüzzaman Said Nursî, a.g.e., s. 50.
36 et-Terğib ve't-Terhîb, 3:39.
37 Buharî, Kitabü'l-İstizan; Müslim, 4:2047.
38 A.g.e., Kitabü'l-İstizan; Müslim, 4:2047.
39 İsmail Mutlu, Şaban Döğen, Abdülaziz Hatip, Camiü's-Sağîr, Yeni Asya Neşriyat, s. 1229.
40 İbn Hibban, Camiü's-Sağir.
41 Ebu Davud, Nikâh 2148; Müslim, Âdâb 2159; Tirmizî, Edeb 2776; Darimî, İsti'zan 2643.
42 Fethül-Kadir, 8/98.
43 Nur Suresi, 30
44 Abdullah b. Mesud'dan (ra). Hâkim, Müstedrek, 4/349; Ahmed b. Hanbel, Müsned, 5/264; Taberani, el-Mucemu'l-Kebir, 10/172; Müsned-i Şihab, 1/195.
45 Hz. Ali'den. Tirmizî 5/101; Ebu Davud 1/652.
46 İnancın Gölgesinde-2, "Âfaki Meseleler".
47 Kırık Testi 7, "Ölümsüzlük İksiri".
48 İsmail Gökçe, a.g.e., s. 31.
49 Nur Suresi, 30-31.
50 Said Demirtaş, İffeti Yaşayanlar, Nesil Yayınları, s. 9.
51 Buharî, Ahkâm 49, Şurût 1, Talak 20; Müslim, İmâre 88, 89; Ebu Davud, İmare 9; İbn Mace, Cihad 43; Ahmed b. Hanbel, VI/114, 153, 154, 270.
52 İsra Suresi, 32.
53 Tirmizî, Edeb 23; Ebu Davud, Nikâh 24.
54 Müslim, Âdâb 45; Ebu Davud, Nikâh 44; Tirmizî, Edeb 29.
55 Ebu Davud, Libas 37; Tirmizî, Edeb 29.
56 Mümtehine Suresi, 12.
57 Buharî, Ahkâm 49, Şurût 1, Talak 20; Müslim, İmare 88, 89; Ebu Davud, İmare 9; İbn Mace, Cihad 43; Ahmed b. Hanbel, VI/114, 153, 154, 270.
58 Nesaî, Biat 18; İbn Mace, Cihad 43; Muvatta, Biat 2; Ahmed b. Hanbel, II/213, VI/ 357, 454, 459.
59 Yusuf Suresi, 53.
60 Mustafa Varlı, Müslüman Kadınlara Altın Öğütler, Ensar Yayınları, s. 174.

61 Hz. Ömer'den (ra). Ebu Nuaym, Hilyetu'l-Evliya, 4/139, 5/237; Ali el-Müttaki, Kenzu'l-Ummal, 15/1201, Hadis No: 43106-43107.
62 Tirmizî, Sıfâtü'l-Kıyâme 1.
63 Tirmizî, Zühd 2405.
64 Cemil Tokpınar, Peygamberin Diliyle Gençlik, Nesil Yayınları; Hâkim, Müstedrek s. 15.
65 Ebu Hüreyre'den (ra). Tirmizî, Zühd 3.
66 Ebu Hüreyre'den (ra). Buharî.
67 İsmail Gökçe, a.g.e., s. 53.
68 Tirmizî ve Hakim.
69 Ebu Hüreyre'den (ra). Tirmizî; İbn Hibban.
70 Tirmizî, Birr 58; Ebu Davud, Edeb 7.
71 Ahmed b. Hanbel, II/381.
72 Buharî, Edeb 39; Ahmed b. Hanbel, IV/385.
73 Ahmed b. Hanbel, IV/278.
74 Saff Suresi, 2.
75 Tirmizî, Kıyamet 50; Dârimî, Rikâk 5; Ahmed b. Hanbel, II/159,177.
76 Tirmizî, İman 8; İbn Mace, Fiten 12; Ahmed b. Hanbel, V/231,236,237.
77 Buharî, Rikâk 23; Müslim, İman 75, 77; Tirmizî, Birr 43; İbn Mace, Edeb 34, Fiten 12; Darimî, Et'ime 11; Ahmed b. Hanbel, V/24,412.
78 Mustafa Varlı, a.g.e., s. 301.
79 Mişkatü'l-Mesabih, Hadis No: 1608.
80 İbn Mace, Fiten 27.
81 Ahmed b. Hanbel, VI/162.
82 Ahzab Suresi, 35.
83 Müslim, Zikir, 72.
84 Buharî, Edeb 54; Ebu Davud, Edeb 7; İbn Mace, Zühd 17.
85 Müslim, İman 61; Ahmed b. Hanbel, V/ 426, 427.
86 Buharî, Edeb 77; Müslim, İman 60.
87 Buharî, İman 16, Edeb 77; Müslim, İman 57-59; Ebu Davud, Sünnet 14; İbn Mace, Birr 56, 80, İman 7; Nesai, İman 16, 27; İbn Mace, Mukaddime 9 Zühd 17; Ahmed b. Hanbel, II/56, 147, 392, 414, 442, 501, 533, V/269.
88 Buharî, İman 3; Müslim, İman 57, 58.
89 İbn Mace, Zühd 17; Muvatta, Hüsnü'l-Huluk 9.
90 Ebu Davud, Vitir 23; Nesaî, Gusül 7; Ahmed b. Hanbel, IV/ 224.
91 Buharî, İlim 50; Müslim, Hayız 61; Ebu Davud, Tahâra 120; Ahmed b. Hanbel, V/72. VI/148.
92 Mustafa Varlı, a.g.e., s. 310.
93 Buharî, Vasaya 2767, Hudud 6857; Müslim, İman 89; Nesai, Vasaya 3671; Ebu Davud, Vasaya, 2874.
94 Mişkatü'l-Mesabih, Hadis No: 5332. Benzer hadis için bkz. İbn Mace, Hadis No: 4205.
95 Nisa Suresi, 93.

[96] İbn Ömer'den (ra). İbn Mace, Ahkam 2320; Ahmed 5285.
[97] Bakara Suresi, 279.
[98] Tirmizî, Büyû 1206; Nesai, Zinet 5102-5105; Ebu Davud, Büyû 3333; İbn Mace, Ticaret 2277.
[99] İbn Mace, Ticaret 2274.
[100] Nisa Suresi, 10.
[101] Enfal Suresi, 16.
[102] Nur Suresi, 23-24.
[103] Fussilet Suresi, 25.
[104] Ahmed, 8922, 9779.
[105] Yüz Hadiste İstikamet, Dr. Muhammed Zeki Muhammed Hızır, Menba Yayınları, s. 139.
[106] Buharî, Menâkıbü'l-Ensâr 26.
[107] Buharî, İman 39; Tirmizî, Büyü 1.
[108] Maide Suresi, 87; Nahl Suresi, 116.
[109] Nahl Suresi, 114 ve 116.
[110] Heytemi, İmam-ı Azam'ın Menkıbeleri, s. 82.
[111] Murat Kaya, Ebedi Yol Haritası İslam, s. 427.
[112] Buharî, Büyü 1.
[113] Tirmizî, Sıfatü'l-Kıyâme 60.
[114] Talak Suresi, 1.
[115] Gümüş Kalemler, Hadisler Işığında Ailemizle 52 Ders, Ensar Yayınları, s. 96.
[116] Buharî, Rikak 23; Tirmizî, Zühd 60; Ahmed b. Hanbel, Müsned, 4/398; Hâkim, Müstedrek, 4/397-399.
[117] İsmail Gökçe, a.g.e., s. 77.
[118] Buharî, Nikâh 17; Müslim, Zikr 97.
[119] İsmail Gökçe, a.g.e., s. 25.
[120] Neseî, Zühd 31.
[121] Zümer Suresi, 53-54.
[122] Cemil Tokpınar, a.g.e., s. 34.
[123] İbn Adiyy'in el-Kâmil'inden.
[124] Tirmizî, Hadis No: 1905, et-Tac 5/6.
[125] Ankebut Suresi, 7.
[126] Nisa Suresi, 31.
[127] İbn Mace, Hadis No: 3662.
[128] İbn Mace, Hadis No: 3660.
[129] Tirmizî Hadis No: 1376.
[130] İbn Mace, Hadis No: 3664.
[131] et-Tac, 5/4.
[132] Ali Rıza Demircan, a.g.e., s. 281.
[133] İsra Suresi, 23-24.
[134] İbrahim Suresi, 41.
[135] Ahmed b. Hanbel, İbn Hibbân, Hâkim, Beyhâki.

136 Ebu Umame'den (ra). Ebu Davud, Tirmizî, İbn Mace, Beyhaki.
137 Abdurrahmân b. Hiras'dan. Taberani.
138 Hz. Hüseyin b. Ali'den (ra). Tirmizî.
139 İbn Ebi'd-Dünya; Ravilerinin hepsi güvenilirdir.
140 Ebu Hüreyre'den (ra). Buharî, Müslim.
141 İmam Malik; Mürselen rivayet etmiştir.
142 Ebu Hüreyre'den (ra). Ahmed b. Hanbel.
143 Abdullah b. Amir'den (ra). Ebu Davud, Beyhaki.
144 Celal Yıldırım, Büyük Sevaplar, Uysal Yayınevi, s. 393.
145 Tevbe Suresi, 119.
146 Müslim, İman 62.
147 Rafii'nin Tarih-i Kazvir'inden.
148 Müslim, Birr 72.
149 Riyazü's-Salihin, Erkam Yayınları, 2. Cilt, s. 218.
150 İbn Kesir, Hucurat 12, 3/365.
151 Mişkatü'l-Mesabih.
152 İbn Mace, Hadis No: 4246; et-Tac 5/62.
153 İbn Mace, Zühd 3.
154 Tirmizî, Zühd 5; İbn Mace, Zühd 35.
155 Tirmizî, Cenaiz, 70.
156 Zümer Suresi, 68.
157 Yusuf Suresi, 45.
158 Kehf Suresi, 49.
159 Yasin Suresi, 65.
160 Tirmizî, Kıyamet 1.
161 Enam Suresi, 32.
162 Enbiya Suresi, 47.
163 Kur'an Işığında Ailemizle 52 Ders, Ensar Yayınları, s. 146.
164 Buharî, Ezan 129; Müslim, İman 81.
165 Buharî, Rikak 51; Tirmizî, Birr 61.
166 Kur'an Işığında Ailemizle 52 Ders, Ensar Yayınları, s. 147.
167 Deylemî.
168 Taberanî.
169 Beyhaki'den. Zehebî, Kitabül-Kebâir, el-Kebiretü'r-Rabia.
170 et-Tac 1/136.
171 Müsned ve İbn Mace'nin Sünen'inden.
172 Buharî, Salat 87, Ezan 30, Büyû 49; Müslim, Tahâret 12, Mescid 272.
173 Buharî, Ezan 31.
174 Riyazü's-Sâlihîn, Erkam Yayınları, 1. Cilt, s. 129.
175 Buharî, Müslim, Nesaî.
176 Taberânî el-Kebir'de, İbn Hibban Sahih'inde rivayet etmiştir.
177 Buharî, Teheccüd 5.
178 Secde Suresi, 16.

179 Esma binti Yezid'den (ra). Beyhakî.
180 Ahzab Suresi, 21.
181 Buharî, Teheccüd 1; Müslim, İtikâf 7; Ebu Davud, Tasavvuf 24; Nesâi, Kıyamü'l-Leyl 5, 17; Ahmed b. Hanbel, I/132. II/250,437. VI/41.
182 Tirmizî, Daavât 101.
183 Ebu Davud, Tetavvu 18.
184 İsra Suresi, 78.
185 Buharî, Teheccüd 16.
186 Buharî, Teheccüd 12; Müslim, Müsâfirin 207.
187 Buharî, Teheccüd 5.
188 Mustafa Varlı, a.g.e., s. 250.
189 Nesâi, İbn Huzeyme kendi Sahih'inde, el-Hâkim sahih isnadla.
190 Ebu Hüreyre'den (ra). Buharî, Müslim.
191 Ahmed b. Hanbel, Taberâni, İbn Ebi'd-Dünya, el-Hâkim.
192 Beyhakî.
193 Tirmizî, Bezar ve Taberani.
194 İsra Suresi, 78.
195 www.saidnursi.de/abdilyildirim (11-04-2009)
196 Bilal Eren, Dua Hazinesi, Cihan Yayınları, s. 76.
197 Ali b. Ebi Talib'den (ra). İbn Mace, Tirmizî.
198 Ebu Zer'den (ra). İbn Mace.
199 Uysal Yayınları, a.g.e., s. 218.
200 Müslim, Müsâfirîn.
201 Riyâzü's-Sâlihin, Erkan Yayınları, 5. Cilt, s. 94.
202 Müsned-i Ahmed, Tirmizî, İbn Mace, Hakim, Beyhakî; Sahih isnadla.
203 Tirmizî, Daavât 120; Ahmed b. Hanbel, VI/371.
204 Buharî, Daavât 5, 6, 8, Tevhid, 34; Müslim, Zikr 56, 57; Ebu Davud, Edeb 98; İbn Mace, Daavât 16; İbn Mace, Dua 15. Darimî, İsti'zân 51; Ahmed b. Hanbel, IV/285, 290, 292, 296, 299, 300, 302.
205 Tirmizî, Daavât 120; Ahmed b. Hanbel, VI/371.
206 Nur Suresi, 24.
207 Fussilet Suresi, 19-20.
208 Mustafa Varlı, a.g.e., s, 243.
209 Ahzab Suresi, 41.
210 Enfal Suresi, 2.
211 Ramûzül-Ehadis.
212 et-Tac 5/90.
213 Buharî, Edeb 76.
214 Tirmizî, Fiten 26.
215 Ahmed, Müsned IV/226, V/152.
216 Ahmed, Müsned, V/152.
217 Buharî, Edeb 76, 102; Müslim, Birr 107; Muvatta, Hüsnu'l-Hulk 12; Ahmed b. Hanbel, Müsned, I/382

[218] Bakara Suresi, 235; Âl-i İmran Suresi, 155; Maide Suresi, 101.
[219] Hûd Suresi, 11/75.
[220] Sabri Türkmen, Kur'an İkliminde Hadislerle Bugünü Yaşamak, Ağaç Yayınları, s. 108.
[221] Riyazü's-Salihin, Hadis No: 795.
[222] Kenzü'l-Ummal, 3:528.
[223] et-Tac, 3/162.
[224] Araf Suresi, 26.
[225] Araf Suresi, 31.
[226] et-Tac, 5/32
[227] Araf Suresi, 32
[228] Kurtubî, Tefsir: 7/197-198
[229] Ali Rıza Temel, a.g.e., s. 254.
[230] Mişkatü'l-Mesabih, Hadis No: 4990.
[231] Mecmau'z-Zevaid, 8/29
[232] İsra Suresi, 53.
[233] Ali Rıza Demircan, a.g.e.
[234] Tirmizî, Hadis No: 2569.
[235] Keşfü'l-Hafa, Hadis No: 945
[236] Riyazü's-Salihin, Hadis No: 376.
[237] Tirmizî, Hadis No: 2727.
[238] Ali Rıza Temel, a.g.e., s. 163.
[239] Âl-İmran Suresi, 110.
[240] Âl-İmran Suresi, 104.
[241] Ebu Said el-Hudri'den (ra). Müslim, Tirmizî, İbn Mace, Nesâi.
[242] Ebu Zer'den (ra). Müslim.
[243] Ebu Sâid el-Hudri'den (ra). Ebu Davud, Tirmizî, İbn Mace.
[244] Ebu Ümâme'den (ra). İbn Mace, isnad-ı hasenle.
[245] Ebu Hüreyre'den (ra). Hâkim.
[246] Hüzeyfe'den (ra). Bezzar.
[247] Buharî, Müslim.
[248] Feyzü'l-Kadîr, 15:776.
[249] Tirmizî, Zühd 2.
[250] İbn Mace, Zühd 31.
[251] Tirmizî, Zühd 25.
[252] Tirmizî, Zühd 29.
[253] Tirmizî, Zühd 5.
[254] Tirmizî, Kıyame 2.
[255] Tirmizî, Cehennem 12.
[256] Cemil Tokpınar, a.g.e., s.22.